박문각 행정사

1차

브랜드만족
1위
박문각

근거자료
후면표기

2025

백운정
민법총칙

박문각 행정사연구소 편_백운정

5년 최다
**전체
수석**
합격자 배출

동영상강의 www.pmg.co.kr

합격이 보이는
조문&기출

박문각

머리말

본 교재는 행정사 1차 시험 합격을 목적으로 출간되었습니다.

이를 위해 본 교재는 수험생이 스스로 시험에 나올 부분을 확인하여 공부방향과 공부방법을 설정하고, 그 내용을 정확하게 숙지함으로써 공부의 효율성을 높이고자 하였습니다.

따라서 기본서와 함께 활용한다면 방대한 기본서의 양을 효과적으로 줄일 수 있어 그 효율성이 배가될 것입니다.

또한, 출제 포인트임에도 불구하고 중요성이 간과되고 있는 조문과, 2013년부터 올해 2024년까지 행정사 기출지문을 조문과 연계하여 수록함으로써 행정사 민법총칙 수험공부의 시작과 끝을 함께할 길잡이가 될 것입니다.

특히 본서의 특징은 다음과 같습니다.

1. 조문집

조문은 대단히 중요합니다. 특히나 기출문제에 등장하는 조문은 절대적으로 암기하고, 그 내용을 숙지하고 있어야만 합니다.
본 교재는 조문을 단순히 배열하는 것을 넘어 최근 관련 기출지문을 수록하여 조문의 중요도 뿐만 아니라, 실전에 출제되는 변형문제도 확인할 수 있도록 하였습니다.

2. 기출표시

출제된 조문과 문제에는 기출표시를 하여 연도별의 흐름을 확인할 있도록 하였고, 구체적으로 반복되는 중요지문을 본인이 스스로 확인함으로써 중요도를 습득할 수 있도록 하였습니다.

3. 예상문제

조문과 기출지문은 행정사 민법총칙 시험의 출제 포인트입니다. 따라서 본 교재의 조문과 기출지문은 2025년도 예상문제가 될 것입니다.

본서가 수험생 여러분과 항상 함께할 비장의 무기가 되길 바라며, 여러분의 합격을 기원합니다.

또한 본서의 출간을 위하여 도움을 주신 수험생들과 출판사 관계자분들을 비롯하여 묵묵히 박문각에서 도움을 주시는 신용조 과장님과 박선순 상무님께도 감사의 인사를 드립니다.

마지막으로 바쁜 와중에도 조언과 격려를 해주신 법무사 민사법을 강의하시는 이혁준 선생님, 형사법을 강의하시는 오상훈 선생님 그리고 사랑하는 아들 동현에게도 감사의 마음을 전합니다.

신림동 연구실에서 **백운정** 올림

민법총칙 1차 시험 총평

1. 2024년 민법총칙 1차 시험 총평

1) 2024년 기출분석

2024년 문제는 다음 표에서 볼 수 있듯이, 두드러진 특징은 예년에 2문제 정도 출제되던 박스형 문제가 4문제 출제되었을 뿐만 아니라 그중 2문제는 사례형으로 출제되어 처음 문제를 접했을 때는 다소 어렵다고 느껴질 수 있었습니다. 그러나 실질적으로는 작년과 같이 기존에 출제되지 않던 영역이 없으며, 소멸시효 파트에서 다소 많은 4문제가 출제된 것을 제외하고는 출제 영역의 편중도 없었습니다. 조문과 판례 출제비율은 작년보다 판례가 비중이 더 높아졌을 뿐 최신 판례는 출제되지 않았습니다.

2) 총평

결론적으로 조금은 어렵게 나오리라 예상했으나, 작년과 비교하자면, 다소 쉽게 출제되어 민법총칙에서는 무난히 원하시는 점수를 얻으셨으리라 예상됩니다.

2. 향후 공부방법론

1) 단계별 학습방법론

① 먼저 기본서 학습을 통하여 전체적인 틀과 개념을 익히고,

② 다음으로 기출문제를 진도별로 풀어가며 기본서를 통하여 배운 부분이 어떻게 출제되는지 알아야 하고, 자신이 제대로 이해하고 있지 못하는 부분은 하나씩 정리해 나가야 합니다.

③ 마지막으로 실전과 동일한 형태의 모의고사(동형모의고사)를 통하여 문제를 푸는 감각을 익혀나가셔야 합니다.

④ 이후 시험 직전 1~2주 동안에는 그동안 자신이 공부하여 왔던 교재를 반복학습하여 암기하여야 합니다. 특히 틀린 문제나 틀린 지문은 마지막 1~2주 동안 전부 반복학습하여 암기하고 시험장에 들어가야 합니다. 혼자 정리하기 어렵다고 느끼는 경우에는 학원의 특강 등을 통하여 출제예상지문을 정리하거나 마무리특강을 통하여 전체적으로 중요사항을 정리하여야 합니다.

2) 기출문제의 분석를 통한 향후 공부전략

"모든 시험의 시작과 끝은 기출문제다"라는 말이 있을 정도로 시험공부에 있어 기출문제의 분석과 정리는 중요한 부분입니다. 이를 통하여 출제되는 테마들을 알 수 있으므로 평소 공부할 때에도 출제 테마들을 중심으로 효과적으로 학습할 수 있고, 기출지문들 중 중요지문들은 반복출제되므로 마지막 정리 시에도 도움이 됩니다. 그러므로 공부시간의 70~80%를 기출문제에 투자하여야 합니다. 최근 5개년 기출분석으로 알 수 있듯이 사례의 비중이 높아져 어려워지고 있다고 하더라도 행정사 민법시험문제는 여전히 조문과 판례에서 출제되고 있습니다. 또한 사례문제도 조문과 판례에 기초한 적용의 문제이기 때문에, 70~80점은 기출지문만 숙지하면 가능합니다. 결국 조문을 기본으로 하여 기출판례를 중심으로 반복학습하고, 사례형 문제에 적용을 높여 나아가면 고득점도 가능합니다.

민법총칙 출제 경향 분석

◁ 5개년 기출분석표

구분			2020년	2021년	2022년	2023년	2024년
민법총칙	통칙	민법의 법원	1		1		
		법률관계 등	1	2	1	1	1
	권리주체	자연인	2	2	2	5	3
		법인	3	3	3	2	3
	권리객체(물건)		1	1	1	1	1
	권리변동	법률행위	3	1	2	5	2
		의사표시	3	3	5	3	4
		대리	3	7	3	2	2
		무효와 취소	3	2	2	1	2
		조건과 기한	1		1	1	2
	기간		1	1	1	1	1
	소멸시효	요건	3	1	1	2	2
		중단·정지		1	1	1	1
		시효완성효과					1

◁ 출제 유형 분석

형식	문제구성	2020년	2021년	2022년	2023년	2024년
형식	지문나열형	19(76%)	20(80%)	20(80%)	21(84%)	21(84%)
	사례형	2(8%)	3(12%)	3(12%)	2(8%)	2(8%)
	박스형	4(16%)	2(8%)	2(8%)	2(8%)	4(16%) 사례형 포함

구성 및 활용법

1

체계적인 교재 구성

방대한 민법총칙 학습내용을 체계적으로 분류하고 서술하여 흐름에 따라 자연스러운 학습이 가능하도록 하였다. 조문과 함께 필수적으로 숙지 및 암기해야 할 내용을 담은 O/X 문제, 조문에 대한 세부적인 이해 및 심층적 학습이 가능한 '더 알아보기' 표 순으로 구성하였다.

2

조문별 기출문제 수록

조문별로 다양한 기출문제를 수록하여 학습자로 하여금 이해 정도를 스스로 파악할 수 있도록 하였다. 행정사 시험에서 조문학습 및 암기는 필수이며, 시험 응시를 위해서는 단순 암기에 그치지 않고 어떤 문제가 나오더라도 막힘없이 풀어나갈 수 있어야 할 것이다. 이에 조문과 연계된 기출·변형문제를 통하여 심층적이고 전략적인 학습을 돕고자 하였다.

3

이해를 돕는 설명 – '더 알아보기'

'더 알아보기' 표를 통하여 보다 원활한 학습을 돕고자 하였다. 빈출되는 이론의 난도가 높거나, 깊은 이해가 필요한 조문의 경우 표를 활용하여 해당 내용을 상세하게 정리하였다. 조문의 의의, 내용, 특성 등을 수록하였으며 비교 학습이 필요한 조문들의 경우 조문을 함께 나열하여 특성 및 공통점과 차이점을 한눈에 파악할 수 있도록 하였다.

4

기출 연도 수록

출제된 조문과 O/X 문제에 기출표시를 하여 연도별 흐름을 파악할 수 있도록 하였다. 특히, 반복적으로 출제되는 조문 및 문제들을 한눈에 확인함으로써 학습자 스스로 학습의 강약을 조절할 수 있도록 하였다.

행정사
백운정 민법총칙

제 **1** 장

통칙

제1장   통칙

제1조 【법원】
민사에 관하여 법률에 규정이 없으면 관습법에 의하고 관습법이 없으면 조리에 의한다. 2015

01   민법 제1조 소정의 '법률'은 헌법이 정하는 절차에 따라서 제정·공포되는 **형식적 의미의 법률만을 뜻한다.** (   )
2019

02   헌법에 의하여 체결·공포된 조약이나 일반적으로 승인된 국제법규가 민사에 관한 것이라도 민법의 법원이 될 수 **없다.** (   )
2015, 2019, 2022

03   관습법이란 사회의 거듭된 관행으로 생성된 사회생활규범이 사회의 법적 확신과 인식에 의하여 법적 규범으로 승인·강행되기에 이른 것을 말한다. (   )
2018, 2020

04   관습법이 성립하기 위해서는 사회구성원의 법적 확신과 인식이 있어야 한다. (   )   2017

05   사회의 거듭된 관행으로 생성된 사회생활규범은 전체 법질서에 반하지 않아야 관습법으로서의 효력이 인정될 수 있다. (   )
2015, 2019

06   관습법은 헌법을 최상위규범으로 하는 전체 법질서에 반하지 않고 정당성과 합리성이 있어야 한다. (   )
2014

07   수목의 집단에 대한 공시방법인 명인방법은 판례에 의하여 확인된 관습법이다. (   )   2018

08   관습법은 바로 법원(法源)으로서 법령과 같은 효력을 갖는 관습이므로 **법령에 저촉하는 관습법도** 법칙으로서 **효력이 있다.** (   )
2014, 2018

09   법령과 같은 효력을 갖는 관습법은 특별한 사정이 없으면 당사자의 주장·증명을 기다릴 필요 없이 직권으로 이를 확정하여야 한다. (   )
2015, 2018, 2019, 2022

10   관습법도 사회구성원이 그러한 관행의 법적 구속력에 대하여 확신을 갖지 않게 된 경우 그 법적 규범으로서 효력을 잃는다. (   )
2014, 2018

11 종래 관습법으로 승인되었더라도 그 관습법을 적용하여야 할 시점에서 전체 법질서에 부합하지 않게 되었다면 법적 규범으로서의 효력이 부정된다. (   )
2020

12 공동선조와 성과 본을 같이 하는 후손은 성별의 구별 없이 성년이 되면 당연히 종중의 구성원이 된다고 보는 것이 조리에 합당하다. (   )
2015, 2022

◆ Answer

01 × 02 × 03 ○ 04 ○ 05 ○ 06 ○ 07 ○ 08 × 09 ○ 10 ○
11 ○ 12 ○

⊕ 더 알아보기

✦ 제1조 법원과 제185조 물권법정주의 비교

구분		제1조【법원】	제185조【물권의 종류】
조문		민사에 관하여 **법률**에 규정이 없으면 **관습법**에 의하고 관습법이 없으면 **조리**에 의한다.	물권은 **법률** 또는 **관습법**에 의하는 외에는 임의로 창설하지 못한다.
조문의 의미		① **민법의 법원** (실질적 의미의 민법) ② 법원의 적용 순서 (법률 → 관습법 → 조리)	① **물권의 법원** ② **물권법정주의**
법률의 의미		① 모든 **성문법**(제정법)을 의미 ② 따라서 명령, 규칙, 조약, 조례도 포함 ➡ 형식적 의미의 법률에 한정 ×	① 형식적 의미의 법률만을 의미 ② 국회에서 제정된 규범 ➡ 명령, 규칙, 조약, 조례도 포함 ×
관 습 법	의미	사회생활에서 자연적으로 발생하고 반복적으로 행하여진 **관행**이 사회구성원의 법적 확신에 의한 지지를 받아 **법적 규범화된 것**	
	범위	① 관습법상 법정지상권 ② 분묘기지권 ③ 동산의 양도담보 ④ 명인방법 ⑤ 명의신탁	① 관습법상 법정지상권 ② 분묘기지권 ③ 동산의 양도담보
조 리	의미	사물의 본성·도리, 사람에 이성에 기초한 규범(경험칙, 사회통념, 신의성실 등)	
	법원성	제1조 문언상 **법원**성 ○	법원성 ×

더 알아보기

✦ 제1조 법원과 제106조 사실의 관습 비교

구분	관습법	사실인 관습
조문	제1조 【법원】 민사에 관하여 **법률**에 규정이 없으면 **관습법**에 의하고 관습법이 없으면 **조리**에 의한다.	제106조 【사실인 관습】 법령 중의 선량한 풍속 기타 사회질서에 관계없는 규정과 다른 **관습**이 있는 경우에 당사자의 의사가 명확하지 아니한 때에는 그 관습에 의한다.
의의	사회생활에서 자연적으로 발생하고 반복적으로 행하여진 **관행**이 사회구성원의 **법적 확신**에 의한 지지를 받아 **법적 규범화된 것** ※ 판례 인정: 관습법상 법정지상권, 분묘기지권, 동산의 양도담보 명인방법[1], 명의신탁 　　부정: 온천권, 소유권에 준하는 관습상의 물권 등	사회의 **관행**에 의하여 발생한 사회생활규범인 점에서 관습법과 같으나 사회의 법적 확신에 의하여 **법적 규범**으로서 승인된 정도에 이르지 **않은 것**
성립 요건	① **관행 + 법적 확신**(통설·판례) ② 헌법을 최상위 규범으로 하는 **전체 법질서에 반하지 아니하여야 함**(판례) 　➡ 법원의 재판(국가승인)은 성립요건 ×	① 관행 ② 선량한 풍속 기타 사회질서에 반하지 않아야 함 ➡ 법적 확신은 不要
효력	1) 성문법과의 우열관계 　➡ 보충적 효력설(판례) 2) 사실인 관습과의 관계 　➡ 양자의 구별 긍정(판례)	1) 법령으로서의 효력 × 2) **법률행위의 해석기준 : ○** 　➡ 사적자치가 인정되는 분야에서 법률행위의 의사를 보충하는 기능(사실인 관습 > 임의규정)
법원성 유무	제1조 문언상 **법원성** ○	법원성 ×
입증 책임	원칙: 법원이 직권으로 확정 예외: 법원이 이를 알 수 없는 경우 당사자의 주장·입증 필요(판례)	원칙: 그 존재를 당사자가 주장·입증 예외: 경험칙에 속하는 사실인 관습은 법관 스스로 직권 판단 가능(판례)

---

1 **비교** 명인방법에 의한 경우는 저당권을 설정할 수 없다.

제2조 【신의성실】

① 권리의 행사와 의무의 이행은 신의에 좇아 성실히 하여야 한다.
② 권리는 남용하지 못한다.

01 신의칙이란 "법률관계의 당사자는 상대방의 이익을 고려하여 형평에 어긋나거나 신의를 저버리는 내용 또는 방법으로 권리를 행사하거나 의무를 이행하여서는 안 된다."는 추상적 규범을 말한다. (   )   2014, 2023

02 신의칙에 관한 제2조는 강행규정이므로 법원은 그 위반 여부를 직권으로 판단할 수 있다.
(   ) 2014, 2017, 2019, 2020, 2022, 2024

03 신의칙 위반에 대해서도 **변론주의 원칙이 적용되므로** 당사자의 주장이 없으면 법원이 **직권으로** 이를 판단할 수 **없다.** (   )   2013

04 무권대리인이 본인을 단독 상속한 경우 본인의 지위에서 추인을 거절하는 것은 신의성실의 원칙에 위배된다. (   )   2014, 2017, 2022

05 사정변경의 원칙에서의 사정이란 계약을 체결하게 된 일방 당사자의 **주관적·개인적 사정을 의미한다.** (   )   2024

06 **계약의 성립에 기초가 되지 아니한 사정**이 현저히 변경되어 일방당사자가 계약목적을 달성할 수 없게 된 경우에는 특별한 사정이 없는 한 신의성실의 원칙상 계약을 해제할 수 있다. (   )
2019

07 매매계약체결 후 9년이 지났고 시가가 올랐다는 사정만으로 계약을 해제할 만한 사정변경이 있다고 볼 수 없다. (   )   2016

08 사정변경이 해제권을 취득하는 **당사자의 책임 있는 사유로 생긴 경우에도** 그 당사자는 **사정변경을 이유로 계약을 해제할 수 있다.** (   )   2013

09 회사의 이사로 재직하면서 보증 당시 그 채무액과 변제기가 특정되어 있는 회사의 **확정채무에 대하여** 보증을 한 후 이사직을 사임하였다면, 사정변경을 이유로 그 보증계약을 **해지할 수 있다.**
(   ) 2013, 2017, 2023

10 **특정채무를 보증하는 일반보증의 경우**에는 채권자의 권리행사가 신의성실의 원칙에 비추어 용납할 수 없는 성질의 것인 때에도 **보증인의 책임은 제한될 수 없다.** (   )   2019

11 권리남용이 인정되기 위해서는 권리행사로 인한 권리자의 이익과 상대방의 불이익 사이에 현저한 불균형이 있어야 한다. (　　) 2021

12 주로 자기의 채무 이행만을 회피할 목적으로 동시이행항변권을 행사하는 경우에 그 항변권의 행사는 권리남용이 될 수 있다. (　　) 2021, 2024

13 송전선이 토지 위를 통과하고 있다는 점을 알면서 그 토지를 시가대로 취득한 자의 송전선 철거 청구는 신의성실의 원칙에 반하거나 권리남용으로서 허용될 수 **없다**. (　　) 2015

14 권리의 행사로 권리자가 얻는 이익보다 상대방이 잃은 이익이 현저하게 크다는 사정만으로 권리남용이 **인정된다**. (　　) 2014

15 토지소유자의 건물철거 청구가 권리남용으로 인정된 경우라도 토지소유자는 그 건물의 소유자에 대해 그 토지의 사용대가를 부당이득으로 반환청구할 수 있다. (　　) 2021

16 확정판결에 따른 강제집행도 특별한 사정이 있으면 권리남용이 될 수 있다. (　　) 2021

17 실효의 원칙은 공법관계인 권력관계에도 적용될 수 있다. (　　) 2024

18 실효의 원칙은 항소권과 같은 소송법상의 권리에도 적용될 수 있다. (　　) 2016, 2020

19 종전 토지 소유자가 자신의 권리를 행사하지 않았다는 사정은 그 토지의 소유권을 적법하게 취득한 새로운 권리자에게 실효의 원칙을 적용함에 있어서 **고려되어야 한다**. (　　) 2019

20 **인지청구권**에는 실효의 법리가 **적용된다**. (　　) 2016, 2023

21 채무자의 **소멸시효에 기한 항변권의 행사**에는 신의성실의 원칙이 **적용되지 않는다**. (　　) 2015

22 국가는 국민을 보호할 의무가 있기 때문에 소멸시효가 완성되었더라도 **국가가 이를 주장하는 것은 신의칙에 반한다**. (　　) 2013

23 일반 행정법률관계에 관한 관청의 행위에 대하여 신의칙은 특별한 사정이 있는 경우 예외적으로 적용될 수 있다. (　　) 2020

24 사적 자치의 영역을 넘어 공공질서를 위하여 공익적 요구를 선행시켜야 할 경우에도 특별한 사정이 없는 한 **신의칙이 합법성의 원칙보다 우월하다**. (　　) 2023

25 채권자가 유효하게 성립한 계약에 따른 급부의 이행을 청구하는 경우 법원이 신의칙에 의하여 그 급부의 일부를 감축하는 것은 원칙적으로 허용되지 않는다. (   )   2020

26 병원은 입원환자의 휴대폰 등의 도난을 방지하는 데 필요한 적절한 조치를 강구할 신의성실의 원칙상의 보호의무가 **없다**. (   )   2015, 2016, 2022

27 사용자는 특별한 사정이 없는 한 근로계약에 수반되는 신의칙상의 부수적 의무로서 피용자의 안전에 대한 보호의무를 부담한다. (   )   2020

28 숙박업자는 신의칙상 부수적 의무로서 투숙객의 안전을 배려할 보호의무를 부담한다. (   )   2020, 2023

29 여행계약상 기획여행업자는 여행자의 안전을 확보하기 위한 합리적 조치를 할 신의칙상 안전 배려의무가 있다. (   )   2024

30 강행법규를 위반한 자가 **스스로 강행법규 위반을 이유로 약정의 무효를 주장하는 것은** 특별한 사정이 없는 한 **신의칙에 반한다**. (   )   2014, 2015, 2020, 2023

31 법정대리인의 동의 없이 신용구매계약을 체결한 미성년자가 사후에 법정대리인의 동의 없음을 사유로 들어 이를 취소하는 것은 신의칙에 반하지 않는다. (   )   2013, 2015, 2017, 2022

◆ **Answer**

01 ○	02 ○	03 ×	04 ○	05 ×	06 ×	07 ○	08 ×	09 ×	10 ×
11 ○	12 ○	13 ×	14 ×	15 ○	16 ○	17 ○	18 ○	19 ×	20 ×
21 ×	22 ×	23 ○	24 ×	25 ○	26 ×	27 ○	28 ○	29 ○	30 ×
31 ○

더 알아보기

✦ 신의성실의 원칙

조문	제2조【신의성실】 ① 권리의 행사와 의무의 이행은 신의에 좇아 성실히 하여야 한다. ② 권리는 남용하지 못한다.
의의 (법적 성질)	1) **강행규정**: **직권**조사사항 ➡ 일반조항 → **추상적** 백지조항 - **최후비상조항** 2) 적용범위: 모든 **사법**관계 ➡ 공법관계도 적용
적용요건	① 신뢰부여 ② 상대방의 신뢰 ③ 신뢰에 反하는 행위 → 정의관념에 反하여 용인할 수 없는 상태
구체적 기능	1) 권리발생 기능: 신의칙상 부수적 주의의무 → 고지의무, 보호의무 2) 권리변경 기능: 사정변경의 원칙 3) 권리소멸 기능 ┬ 권리남용 금지의 원칙 　　　　　　　　└ 모순행위 금지의 원칙, 실효의 원칙 4) 기타 기능 　① 법보충기능 　② 법률행위 해석의 기준
적용의 효과	권리 저지 효과
적용의 한계 (적용 안 됨)	1) 민법의 기초이념: 의사무능력, 제한능력제도 2) 강행법규: 근로기준법, 가담법 3조, 4조 등
파생원칙	**모순행위 금지의 원칙** 1) 성립요건 　① 선행행위 有 　② 상대방의 보호가치 있는 신뢰 존재 　③ 모순되는 **후행행위** → 권리행사 저지 2) 판례 　① 무권대리인의 단독상속 후 본인의 추인거절권 행사 ✕ 　② 무상거주 확인서를 작성 후, 건물명도 소송시 대항력 있는 임차권 주장 ✕
	실효의 원칙 1) 성립요건 　① 선행행위 → 장기간 권리불행사 　② 상대방의 권리행사하지 않을 것에 대한 보호가치 있는 신뢰 존재 　③ 새삼스러운 권리행사 → 권리행사 저지 2) 판례: 징계면직 사례 ✕ 3) 적용범위 ┬ 원칙: 모두 적용 　　　　　　└ 예외: 인지청구권 ✕ (일신전속적 권리, 포기 ✕)

사정변경의 원칙	1) 의의: 계약준수의무의 예외 2) 성립요건 　① 법률행위 성립 당시 → 기초된 **객관적** 사정의 **현저한** 변경 　② 사정변경의 귀책사유 없어야 하고, 　③ 법률행위 성립당시 예견 불가능 　④ 계약내용대로 구속하는 것이 신의칙에 反할 것 3) 효과: 계약내용의 수정 ┌ 해제 − 소급효(일시적 계약) 　　　　　　　　　　　　└ 해지 − 장래효(계속적 보증) 4) 판례: 이사가 부득이 회사채무에 대한 계속적 보증 해지○ 사례(특정채무 보증 해지 ×)
권리남용의 원칙	1) 의의: 제2조 제2항 2) 성립요건 　① 객관적 요건 　　 ⅰ) 권리의 존재 & 행사 　　 ⅱ) 행사가 권리의 정당한 이익 無 → 권리본래 목적 反함 　② 주관적 요건: 가해목적(의사) 　 판례 ⅰ) 원칙: 필요설 　　　　 ⅱ) 예외: ┌ 객관적 요건 有 → 주관적 요건 추인 　　　　　　　　 └ 객관적 요건 有 → 주관적 요건 不要 3) 효과: 권리행사제한 → **권리자체가 소멸** × ⇒ 부당이득 청구 가능

행정사
백운정 민법총칙

인

제2장 인

제1절 능력

제3조【권리능력의 존속기간】
사람은 생존한 동안 권리와 의무의 주체가 된다.

01 권리능력의 존속기간에 관한 민법 제3조는 **강행규정이 아니다.** (   ) 2019

02 권리능력은 가족관계등록부의 기재로 그 취득이 **추정되므로,** 그 기재가 진실에 반하는 사정이 있더라도 **번복하지 못한다.** (   ) 2018

03 태아는 **모든 법률관계에서** 권리의 주체가 될 수 있다. (   ) 2016

04 부(父)가 사고로 사망한 후 **살아서 출생한 태아는** 부(父)의 가해자에 대한 불법행위로 인한 손해배상청구권을 **상속받지 못한다.** (   ) 2020 변형

05 **태아가 사산**된 경우에도 태아인 동안의 **권리능력은 인정된다.** (   ) 2018
∵ 모체와 같이 사망하여 출생의 기회를 못 가진 이상 손해배상청구권이 인정될 수 없기 때문

06 부부 사이인 甲과 그의 아이 丙을 임신한 乙은 A의 과실로 교통사고를 당했다. 이 사고로 丙이 출생 전 乙과 함께 사망하였더라도 丙은 A에 대하여 불법행위로 인한 손해배상청구권을 **가진다.**
(   ) 2020

07 태아인 동안에 부(父)가 교통사고로 사망한 경우, 태아는 살아서 출생하더라도 그 정신적 고통에 대한 위자료를 청구할 수 **없다.** (   ) 2018, 2020
∵ 제762조 이미 출생한 것으로 본다. ➡ 살아서 출생한 때에 문제의 사건의 시기까지 소급하여 태아가 출생한 것과 같이 법률상 보아 준다는 의미

08 우리 민법은 외국인의 권리능력에 관하여 명문규정을 두고 있지 않다. (   ) 2016

09 의사능력이 없는 자는 권리능력도 **인정되지 않는다.** (   ) 2016

※ 의사무능력자 甲은 乙로부터 금전을 차용하는 소비대차계약을 乙과 체결하고 차용금을 전부 수령하였다(10-12).

10 甲의 특별대리인 丙이 甲의 의사무능력을 이유로 계약의 무효를 주장하는 것은 특별한 사정이 없는 한 **신의칙에 반한다.** (   )   2024

11 甲의 의사무능력을 이유로 계약이 무효가 된 경우 甲은 그 선의·악의를 불문하고 乙에게 그 현존이익을 반환할 책임이 있다. (   )   2024

12 甲이 수령한 차용금을 모두 소비한 경우 **乙은** 甲에게 그 **이익이 현존**한다는 사실에 관한 **증명책임을 부담한다.** (   )   2024

◆ **Answer**

01 × 02 × 03 × 04 × 05 × 06 × 07 × 08 ○ 09 × 10 ×
11 ○ 12 ×

더 알아보기

✦ **태아의 권리능력**

조문	제3조【권리능력의 존속기간】 사람은 **생존한 동안** 권리와 의무의 주체가 된다.	
의의	원칙: 권리능력 無 ➡ 보호필요성 有	
개별적 보호주의	① 불법행위로 인한 손해배상청구권(제762조) ② 상속(대습상속 포함)(제1000조 제3항) ③ 유증(제1064조, 제1000조 제3항 유추적용) ④ 유류분	∵ 보호 × 증여, 사인증여 ×, 인지청구권 ×
권리능력 취득시기	1) "이미 출생한 것으로 본다"의 이론 구성 ➡ 정지조건설(판례) 2) 의미 ➡ 살아서 **출생하는 것**을 정지조건으로 권리능력 인정(인격소급설) 　즉 태아가 출생하면 문제사건의 시기까지 소급하여 법률상 출생한 것으로 봄 3) 태아인 동안 ➡ 권리능력 ×, 법정대리인 ×, 상속능력 ×	

제4조 【성년】
사람은 19세로 성년에 이르게 된다.

제5조 【미성년자의 능력】
① 미성년자가 법률행위를 함에는 법정대리인의 **동의**를 얻어야 한다. 그러나 권리만을 얻거나 의무만을 면하는 행위는 그러하지 아니하다.
② 전항의 규정에 위반한 행위는 **취소할 수 있다.**

01 미성년자의 행위능력에 관한 민법 제5조는 **강행규정이 아니다.** (   )   2019

02 미성년자의 법률행위에 법정대리인의 동의를 요하도록 하는 규정은 강행규정이다. (   )   2024

03 법정대리인의 동의를 요하는 미성년자의 법률행위에 있어서 법정대리인의 동의는 **묵시적으로는 할 수 없다.** (   )   2024

04 미성년자의 법률행위에 법정대리인의 묵시적 동의가 인정되는 경우에는 미성년자는 제한능력을 이유로 그 법률행위를 취소할 수 없다. (   )   2017

05 미성년자가 **오직 권리만을 얻는 법률행위를 할 경우**에도 특별한 사정이 없는 한 **법정대리인의 동의가 필요**하다. (   )   2021, 2023

06 모(母)와 공동으로 받는 상속에 대한 甲의 승인은 만 18세의 甲이 법정대리인의 동의 없이 단독으로 할 수 있는 행위가 아니다. (   )   2013

07 부양의무를 이행하지 않는 친권자 乙에 대한 만 18세 甲의 부양료 청구는 법정대리인의 **동의 없이 단독으로 할 수 있는 행위가 아니다.** (   )   2013
∵ 권리만을 얻는 행위이므로

08 미성년자 甲은 법정대리인 乙의 동의 없이 자신의 디지털 카메라를 丙에게 매도하는 내용의 계약(이하 '계약')을 丙과 체결하였다. 甲이 위 계약을 취소하려는 경우, 乙의 동의의 유무에 대한 증명책임은 **甲에게** 있다. (   )   2019

◆ **Answer**

01 ✕   02 ○   03 ✕   04 ○   05 ✕   06 ○   07 ✕   08 ✕

제6조【처분을 허락한 재산】

법정대리인이 범위를 정하여 처분을 허락한 재산은 미성년자가 임의로 처분할 수 있다.

01 법정대리인이 재산의 범위를 정하여 미성년자에게 처분을 허락한 경우 법정대리인은 그 재산에 관하여 유효한 대리행위를 할 수 **없다.** (   )　　　　　　　　　　2023

∵ 법정대리인은 처분을 허락하였더라도 그 재산에 관한 대리권을 상실하지 않는다.

◆ **Answer**

01 ×

제7조【동의와 허락의 취소】

법정대리인은 미성년자가 아직 법률행위를 하기 전에는 전2조의 동의와 허락을 취소할 수 있다.

제8조【영업의 허락】

① 미성년자가 법정대리인으로부터 허락을 얻은 **특정한 영업**에 관하여는 **성년자와 동일한 행위능력이** 있다. 2021, 2024

② 법정대리인은 전항의 허락을 **취소 또는 제한**할 수 있다. 그러나 **선의의 제3자에게 대항하지 못한다.**

01 법정대리인이 미성년자에게 특정한 영업을 허락한 경우 법정대리인은 그 영업에 관하여 유효한 대리행위를 할 수 **있다.** (   )　　　　　　　　　　2023

02 법정대리인이 미성년자에게 한 특정한 영업의 허락을 취소하는 경우 그 취소로 선의의 제3자에게 대항할 수 **있다.** (   )　　　　　　　　　　2021, 2024

03 만 18세 甲이 자신의 재산에 대하여 행하는 유언은 법정대리인의 동의 없이 단독으로 할 수 있는 행위가 **아니다.** (   )　　　　　　　　　　2013

∵ 제1061조【유언적령】17세에 달하지 못한 자는 유언을 하지 못한다.

◆ **Answer**

01 ×　**02** ×　**03** ×

더 알아보기

✦ 미성년자의 행위능력

조문	제5조【미성년자의 능력】 ① 미성년자가 법률행위를 함에는 **법정대리인의 동의를 얻어야** 한다. 　그러나 권리만을 얻거나 의무만을 면하는 행위는 그러하지 아니하다. ② 전항의 규정에 위반한 행위는 **취소할 수 있다.**
의의	원칙: 미성년자 단독의 법률행위 → 취소권 발생 ➡ 민법의 결단(미성년자 보호)
미성년자 단독의 법률행위 취소불가 (예외)	① 법정대리인의 동의 有(제5조 제1항) ② 권리만을 얻거나 의무만을 면하는 행위(제5조 제1항 단서) 　ⅰ) 유리한 매매계약 × 　ⅱ) 증여 ┌ 부담 있는 증여 × 　　　　└ **부담 없는 증여** ○ 　ⅲ) 변제(수령) × ③ 처분을 허락한 재산(제6조) 　├ **범위**를 정하여 ➡ 목적 범위 × 　└ 묵시적 허락 ○ ⇒ 판례: 월 소득범위 내에서 신용구매 계약 사례 ④ 영업허락(제8조) ┌ **특정** 영업허락 ○ 　　　　　　　├ 성년자와 **동일한** 행위능력 인정 ➡ 법정대리인 **대리권 소멸** 　　　　　　　└ 허락의 취소: 선의 제3자에 대항 × ⑤ 대리행위(제117조): 대리인은 행위능력이 필요하지 않기 때문 ⑥ 유언(제1061조): **17세 이상**인 미성년자는 단독으로 유언 가능 ⑦ 성년의제(제826조): 미성년자가 법률혼을 한 때 ⑧ 근로계약, 임금청구
제한능력자 상대방 보호	1) 일반적 보호 ┌ **법정추인**: & 취소원인 소멸 要 　(취소권 배제) └ 제척기간: 추인할 수 있는 날로부터 3년, 법률행위한 날로부터 10년 2) 특별보호 　➡ 상대방의 권리 ┌ 확답촉구권 　　　　　　　├ 계약 철회권 　　　　　　　└ 단독행위 거절권 　➡ 제한능력자의 **속임수**: 취소권 배제(제17조) 　　┌ **적극적** 기망수단 ┌ 주민등록증 위조 ○ ²⁰²³ 　　│　　　　　　　　└ 능력자로 칭하거나, 침묵 등 × 　　├ 제1항: 능력자로 속인 경우 → 3가지 모두 포함 　　└ 제2항: 법정대리인 동의가 있다고 속인 경우 → **피성년후견인 제외**

제9조【성년후견개시의 심판】
① 가정법원은 질병, 장애, 노령, 그 밖의 사유로 인한 **정신적 제약**으로 사무를 처리할 능력이 **지속적으로 결여**된 사람에 대하여 **본인**, **배우자**, 4촌 이내의 친족, 미성년후견인, 미성년후견감독인, 한정후견인, 한정후견감독인, 특정후견인, 특정후견감독인, **검사** 또는 **지방자치단체**의 장의 청구에 의하여 성년후견개시의 심판을 한다.
② 가정법원은 성년후견개시의 심판을 할 때 본인의 의사를 고려하여야 한다. 2023

01 **성년후견개시의 심판**은 일정한 사유로 인한 정신적 제약으로 사무처리능력이 **일시적으로 부족한 사람**에게 허용된다. (   )　　　　　2018, 2023

02 가정법원은 청구권자의 **청구가 없더라도 직권으로** 성년후견개시의 심판을 한다. (   ) 2018

03 정신적 제약으로 사무를 처리할 능력이 지속적으로 결여된 사람에 대하여 지방자치단체의 장도 성년후견개시의 심판을 청구할 수 있다. (   )　　　　　2016

04 가정법원은 성년후견개시의 심판을 할 때 **본인의 의사를 고려할 필요가 없다**. (   ) 2018, 2022

05 법인은 성년후견인이 될 수 **없다**. (   )　　　　　2018

Answer

01 × 02 × 03 ○ 04 × 05 ×

제10조【피성년후견인의 행위와 취소】
① 피성년후견인의 법률행위는 **취소**할 수 있다. 2014
② 제1항에도 불구하고 가정법원은 **취소할 수 없는** 피성년후견인의 법률행위의 범위를 **정할 수 있다**. 2015, 2016
③ 가정법원은 본인, 배우자, 4촌 이내의 친족 성년후견인, 성년후견감독인, **검사** 또는 지방자치단체의 상의 청구에 의하여 제2항의 범위를 변경할 수 있다.
④ 제1항에도 불구하고 일용품의 구입 등 일상생활에 필요하고 그 대가가 과도하지 아니한 법률행위는 성년후견인이 취소할 수 없다.

01 피성년후견인의 법률행위는 원칙적으로 취소할 수 있지만, 가정법원은 취소할 수 없는 법률행위의 범위를 정할 수 있다. (   )　　　　　2022

02 가정법원은 청구권자의 **청구가 없더라도** 피성년후견인의 취소할 수 없는 법률행위의 범위를 임의로 변경할 수 있다. (   )　　　　　2018

03 일상생활에 필요하고 그 대가가 과도하지 아니한 피성년후견인의 법률행위는 성년후견인이
   취소할 수 없다. (   )   2015, 2017, 2018, 2023

---◆ Answer

01 ○ 02 × 03 ○

제11조 【성년후견종료의 심판】

성년후견개시의 원인이 소멸된 경우에는 가정법원은 **본인**, **배우자**, **4촌 이내의 친족**, **성년후견인**, **성년후견감독인**, **검사** 또는 **지방자치단체**의 장의 청구에 의하여 성년후견종료의 심판을 한다.

01 지방자치단체의 장은 성년후견개시의 원인이 소멸된 경우에는 성년후견종료의 심판을 청구할
   수 **없다**. (   )   2015

02 지방의회 의장은 민법상 성년후견종료의 심판을 청구할 수 있는 자로 명시되지 않은 자이다.
   (   ) 2019

---◆ Answer

01 × 02 ○

제12조 【한정후견개시의 심판】

① 가정법원은 질병, 장애, 노령, 그 밖의 사유로 인한 **정신적 제약**으로 사무를 처리할 능력이 **부족**한 사람에 대하여 **본인**, **배우자**, 4촌 이내의 친족 미성년**후견인**, 미성년후견감독인, 성년후견인, 성년후견감독인, 특정후견인, 특정후견감독인, **검사** 또는 **지방자치단체**의 장의 **청구에 의하여** 한정후견개시의 심판을 한다.
② 한정후견개시의 경우에 제9조 제2항을 준용한다.

01 가정법원은 한정후견개시의 심판을 직권으로 하지 못한다. (   )   2016

02 가정법원은 한정후견개시의 심판을 할 때 본인의 의사를 고려하여야 한다. (   )   2014

03 가정법원은 성년후견개시의 심판뿐 아니라 한정후견개시의 심판을 할 때에도 본인의 의사를
   고려하여야 한다. (   )   2015

---◆ Answer

01 ○ 02 ○ 03 ○

제13조【피한정후견인의 행위와 동의】

① 가정법원은 피한정후견인이 **한정후견인의 동의를 받아야 하는 행위의 범위**를 정할 수 있다. ²⁰²³

② 가정법원은 **본인**, **배우자**, 4촌 이내의 친족 한정후견인, 한정후견감독인, 검사 또는 지방자치단체의 장의 청구에 의하여 제1항에 따른 한정후견인의 동의를 받아야만 할 수 있는 행위의 범위를 변경할 수 있다.

③ 한정후견인의 동의를 필요로 하는 행위에 대하여 한정후견인이 피한정후견인의 이익이 침해될 염려가 있음에도 그 동의를 하지 아니하는 때에는 가정법원은 피한정후견인의 청구에 의하여 한정후견인의 동의를 갈음하는 허가를 할 수 있다.

④ 한정후견인의 동의가 필요한 법률행위를 피한정후견인이 한정후견인의 동의 없이 하였을 때에는 그 법률행위를 취소할 수 있다. 다만, 일용품의 구입 등 일상생활에 필요하고 그 대가가 과도하지 아니한 법률행위에 대하여는 그러하지 아니하다.

01　가정법원은 피한정후견인이 한정후견인의 동의를 받아야 하는 행위의 범위를 정할 수 **없다**.

(　) 2015, 2022

＋ Answer

01 ×

제14조【한정후견종료의 심판】

한정후견개시의 원인이 소멸된 경우에는 가정법원은 본인, 배우자, 4촌 이내의 친족, 한정후견인, 한정후견감독인, 검사 또는 지방자치단체의 장의 청구에 의하여 한정후견종료의 심판을 한다.

01　한정후견종료의 심판은 장래에 향하여 효력을 가진다. (　)

2016

＋ Answer

01 ○

제14조의2【특정후견의 심판】
① 가정법원은 질병, 장애, 노령, 그 밖의 사유로 인한 정신적 제약으로 **일시적 후원 또는 특정한 사무에 관한 후원이 필요한 사람**에 대하여 본인, 배우자, 4촌 이내의 친족, 미성년**후견인**, 미성년후견감독인, 검사 또는 지방자치단체의 장의 청구에 의하여 특정후견의 심판을 한다.
② 특정후견은 **본인의 의사에 반하여 할 수 없다.**
③ 특정후견의 심판을 하는 경우에는 **특정후견의 기간 또는 사무의 범위를 정하여야** 한다. [2014, 2024]

01 검사나 지방자치단체의 장도 특정후견의 심판을 청구할 수 있는 자에 포함된다. (   ) [2024]

02 특정후견은 본인의 의사에 반하여 할 수 **있다.** (   ) [2014, 2016]

03 가정법원은 정신적 제약으로 특정한 사무에 관하여 후원이 필요한 자에 대하여는 본인의 의사에 반하더라도 특정후견의 심판을 할 수 **있다.** (   ) [2022, 2024]

04 특정후견은 특정후견의 심판에서 정한 기간이 경과하면 가정법원의 종료심판 없이도 종료한다.
(   ) [2024]

+ Answer
01 ○ 02 × 03 × 04 ○

제14조의3【심판 사이의 관계】
① 가정법원이 피한정후견인 또는 피특정후견인에 대하여 **성년후견개시의 심판을 할 때에는** 종전의 한정후견 또는 특정후견의 종료 심판을 한다.
② 가정법원이 피성년후견인 또는 피특정후견인에 대하여 **한정후견개시의 심판을 할 때에는** 종전의 성년후견 또는 특정후견의 종료 심판을 한다. [2023]

01 가정법원이 피성년후견인에 대하여 한정후견개시의 심판을 할 때에는 종전의 성년후견의 종료 심판을 하여야 한다. (   ) [2022]

02 가정법원이 피한정후견인에 대하여 성년후견개시의 심판을 할 때에는 종전의 한정후견의 종료 심판을 한다. (   ) [2014]

+ Answer
01 ○ 02 ○

더 알아보기

✦ 피후견인의 비교

내용	피성년후견인	피한정후견인	피특정후견인
요건	정신적 제약		
요건	사무처리능력 지속적 결여	사무처리능력 부족	일시적 후원 또는 특정한 사무에 관한 후원 필요
청구 권자 (법원 직권 ×)	본인, 배우자, 4촌 이내 친족 미성년후견인, 미성년후견감독인, 한정후견인, 한정후견감독인, 특정후견인, 특정후견감독인, 검사 또는 지방자치단체의 장	본인, 배우자, 4촌 이내 친족 미성년후견인, 미성년후견감독인, 성년후견인, 성년후견감독인, 특정후견인, 특정후견감독인, 검사 또는 지방자치단체의 장	본인, 배우자, 4촌 이내 친족 미성년후견인, 미성년후견감독인, × × 검사 또는 지방자치단체의 장
심판	• 개시심판시 본인 의사 고려 • 개시심판과 종료심판이 있음	• 개시심판시 본인 의사 고려 • 개시심판과 종료심판이 있음	• 심판시 본인 의사에 반하면 안 됨 • 개시심판과 종료심판이 없음[2]
능력	• 원칙: 제한능력자로서 단독 으로 법률행위 불가 • 예외 ① 법원인 단독으로 할 수 있 는 범위 정할 수 있음 ② 일용품 구입 등 일상행위는 단독 가능	• 원칙: 행위능력 있음 • 예외: 법원이 한정후견인의 동 의를 받도록 정한 행위에 한하 여 한정후견인이 동의가 필요 • 예외의 예외: 일용품 구입 등 일상행위는 단독 가능	• 제한능력자 아님 행위능력 있고 제한되지 않음
후견인	• 성년후견개시심판시 가정법원 이 직권으로 선임 • 성년후견인은 법정대리인임	• 한정후견개시심판시 가정법 원이 직권으로 선임 • 한정후견인은 법정대리인 × • 한정후견인에게 가정법원의 대리권수여심판시 대리권 인정	• 특정후견에 따른 보호조치로 가 정법원이 특정후견인 선임 가능 • 특정후견인은 법정대리인 × • 특정후견인에게 가정법원의 대리권수여심판시 대리권 인정

---

2 특정후견의 기간이나 사무의 범위를 정한 이후, 기간이 지나거나 사무처리의 종결에 의해 특정후견도 자연히 종결됨

더 알아보기

✦ 미성년자와 피후견인 비교

구분	미성년자	피성년후견인	피한정후견인	피특정후견인
제한능력자	○	○	○	×
판단기준	19세 미만	정신적 제약		
		사무처리능력 지속적 결여	사무처리능력 부족	일시적 후원 또는 특정한 사무에 관한 후원 필요
미성년자의 법정대리인과 후견인의 권리	• 동의권 ○ • 취소권 ○ • 대리권 ○ ※ 미성년자의 행위는 동의가 없을 때 취소 가능	• **동의권 ×** • 취소권 ○ • 대리권 ○ ※ 피성년후견인의 행위는 동의여부 불문하고 언제나 취소 가능	• 동의권, 취소권 ① 원칙: × ② 예외: 한정후견인의 동의를 받아야 하는 행위 - ○ • 대리권 ① 원칙: × ② 한정후견인의 동의를 받아야 되는 행위: × ③ 대리권의 수여하는 심판이 있는 경우 그 범위에서만 대리권: ○	• 동의권, 취소권: 예외 없이 × • 대리권 ① 원칙: × ② 예외: 대리권의 수여하는 심판이 있는 경우 그 범위에서만 대리권 - ○ ※ 제한능력자가 아님

제15조【제한능력자의 상대방의 확답을 촉구할 권리】
① 제한능력자의 **상대방**은 제한능력자가 **능력자가 된 후**에 그에게 1개월 이상의 기간을 정하여 그 취소할 수 있는 행위를 추인할 것인지 여부의 확답을 촉구할 수 있다. **능력자**로 된 사람이 그 기간 내에 확답을 발송하지 아니하면 그 행위를 **추인**한 것으로 **본다.**
② 제한능력자가 아직 능력자가 되지 못한 경우에는 그의 법정대리인에게 제1항의 촉구를 할 수 있고, 법정대리인이 그 정하여진 기간 내에 확답을 발송하지 아니한 경우에는 그 행위를 **추인**한 것으로 **본다.**
③ 특별한 절차가 필요한 행위는 그 정하여진 기간 내에 그 절차를 밟은 확답을 발송하지 아니하면 취소한 것으로 본다.

01   상대방은 제한능력자가 능력자로 된 후에 그에게 유예기간을 정하여 취소할 수 있는 행위에 대한 추인 여부의 확답을 원칙적으로 촉구할 수 **없다.** (   )   2015

02   상대방은 제한능력자가 능력자로 된 후에 그 **법정대리인이었던 자에게** 취소할 수 있는 행위에 대한 추인 여부의 확답을 촉구한 경우 **그 촉구는 유효하다.** (   )   2015

03   미성년자 甲이 법정대리인 乙의 동의 없이 자신의 노트북 컴퓨터를 丙에게 매각하였다. 丙은 19세가 된 甲에게 1개월 이상의 기간을 정하여 매매계약을 추인할 것인지 여부의 확답을 촉구할 수 있다. (   )   2014

※ 미성년자 甲은 법정대리인 乙의 동의 없이 자신의 디지털 카메라를 丙에게 매도하는 내용의 계약 (이하 '계약')을 丙과 체결하였다(4-6).

04   丙은 甲이 성년이 된 후에 그에게 1개월 이상의 기간을 정하여 계약의 추인 여부의 확답을 촉구할 수 있다. (   )   2023

05   丙이 미성년자인 甲에게 1개월의 기간을 정하여 계약의 추인 여부의 확답을 촉구한 경우, 甲이 그 기간 내에 확답을 발송하지 않으면 **계약을 추인한 것으로 본다.** (   )   2017, 2019, 2023

06   丙이 성년자가 된 甲에게 1개월의 기간을 정하여 계약의 추인 여부의 확답을 촉구한 경우, 甲이 그 기간 내에 확답을 발송하지 않으면 계약을 **취소**한 것으로 본다. (   )   2019

━━━━━━━━━━━━━━━━━━━━━━━━ ✦ **Answer**

01 ×   02 ×   03 ○   04 ○   05 ×   06 ×

제16조【제한능력자의 상대방의 철회권과 거절권】
① 제한능력자가 맺은 **계약은 추인이 있을 때까지** 상대방이 그 의사표시를 **철회**할 수 있다. 다만, 상대방이 계약 당시에 제한능력자임을 알았을 경우에는 그러하지 아니하다.
② 제한능력자의 **단독행위는 추인이 있을 때까지** 상대방이 **거절**할 수 있다.
③ 제1항의 철회나 제2항의 거절의 의사표시는 제한능력자에게도 할 수 있다.

01 계약 당시에 제한능력자임을 상대방이 알지 못한 경우, 제한능력자가 맺은 계약은 추인이 있을 때까지 상대방이 그 의사표시를 철회할 수 있다. (　) 　　2015, 2021, 2023

02 제한능력자와 계약을 맺은 선의의 상대방은 제한능력자 측에서 추인하기 전까지 제한능력자를 상대로 그 의사표시를 철회할 수 있다. (　) 　　2017

03 미성년자 甲이 법정대리인 乙의 동의 없이 자신의 노트북 컴퓨터를 丙에게 매각하였다. 계약 체결 시에 甲이 미성년자임을 **안** 丙은 그의 의사표시를 철회할 수 **있다**. (　) 　　2014, 2019, 2023, 2024

04 제한능력자가 맺은 계약은 제한능력자 측에서 추인하기 전까지 상대방이 이를 **거절할 수 있다**. (　) 2017

05 상대방이 거절의 의사표시를 할 수 있는 경우 제한능력자를 상대로 그 의사표시를 할 수 있다. (　) 2021

06 미성년자 甲이 법정대리인 乙의 동의 없이 자신의 노트북 컴퓨터를 丙에게 매각하였다. 丙은 乙이 추인하기 전에 **거절권을 행사할 수 있다**. (　) 2014

Answer
01 ○　02 ○　03 ×　04 ×　05 ○　06 ×

더 알아보기

✦ 제한능력자 상대방의 확답촉구권 · 철회권 · 거절권

구분	권리	권리행사의 요건	권리행사의 상대방	대상행위
제한능력자의 상대방의 권리	확답촉구권	선·악의 모두 가능	능력자, 법정대리인	계약, 단독행위
	철회권	선의만 가능	제한능력자 포함	계약
	거절권	선·악의 모두 가능	제한능력자 포함	단독행위

제17조【제한능력자의 속임수】
① **제한능력자가** 속임수로써 자기를 **능력자로** 믿게 한 경우에는 그 행위를 취소할 수 **없다.** 2015
② **미성년자나 피한정후견인이** 속임수로써 **법정대리인의 동의가 있는 것으로** 믿게 한 경우에도 제1항과 같다.

01 미성년자가 자신의 주민등록증을 변조하여 자기를 능력자로 믿게 하여 법률행위를 한 경우 미성년자는 그 법률행위를 취소할 수 없다. (   ) 2023

02 미성년자 甲이 법정대리인 乙의 동의 없이 자신의 노트북 컴퓨터를 丙에게 매각하였다. 甲이 속임수로써 乙의 동의가 있는 것으로 믿게 한 경우, 甲은 계약을 원인으로 얻은 모든 이득을 반환하고 계약을 **취소할 수 있다.** (   ) 2014

03 미성년자 甲이 위조하여 제시한 법정대리인 乙의 동의서를 丙이 신뢰하여 계약을 체결하였다면 乙은 미성년자의 법률행위임을 이유로 계약을 취소할 수 없다. (   ) 2019, 2023

◆ **Answer**
01 ○ **02** × **03** ○

제2절 주소

제18조【주소】
① 생활의 근거가 되는 곳을 주소로 한다.
② 주소는 동시에 두 곳 이상 있을 수 있다.

제19조【거소】
주소를 알 수 없으면 거소를 주소로 **본다.**

제20조【거소】
국내에 주소 없는 자에 대하여는 국내에 있는 거소를 주소로 **본다.**

제21조【가주소】
어느 행위에 있어서 가주소를 정한 때에는 그 행위에 관하여는 이를 주소로 **본다.**
➡ 가주소는 당사자의 의사에 의하여 설정되는 것이므로 제한능력자는 독자적으로 가주소를 설정할 수 없다.

제3절 부재와 실종

제22조【부재자의 재산의 관리】

① 종래의 주소나 거소를 떠난 자가 재산관리인을 정하지 아니한 때에는 법원은 **이해관계인이나 검사의 청구**에 의하여 재산관리에 관하여 필요한 처분을 명하여야 한다. 본인의 부재중 재산관리인의 권한이 소멸한 때에도 같다.

② 본인이 그 후에 재산관리인을 정한 때에는 법원은 본인, 재산관리인, 이해관계인 또는 검사의 청구에 의하여 전항의 명령을 취소하여야 한다.

01 부재자가 정한 재산관리인의 권한이 부재자의 부재 중에 소멸한 때에는 법원은 이해관계인이나 검사의 청구에 의하여 재산관리에 관하여 필요한 처분을 명하여야 한다. (   )   2021

※ X 부동산을 소유한 甲은 재산관리인을 선임하지 않고 장기간 해외출장을 떠났다(2-3).

02 법원은 **직권으로** X 부동산의 관리에 필요한 처분을 명하여야 한다. (   )   2013

03 甲의 채권자의 청구에 의하여 법원이 선임한 재산관리인은 甲의 **임의대리인**이다. (   ) 2013

04 부재자가 스스로 재산관리인을 둔 경우 그 재산관리인은 부재자의 임의대리인이다. (   ) 2016

+ **Answer**

01 ○ 02 × 03 × 04 ○

제23조【관리인의 개임】

부재자가 재산관리인을 정한 경우에 부재자의 **생사가 분명하지 아니한 때**에는 법원은 재산관리인, 이해관계인 또는 검사의 청구에 의하여 재산관리인을 개임할 수 있다.

01 부재자가 재산관리인을 정한 경우 부재자의 생사가 분명하지 아니하게 되어 이해관계인이 청구를 하더라도 법원은 그 재산관리인을 개임할 수 **없다**. (   )   2021

+ **Answer**

01 ×

제24조【관리인의 직무】

① 법원이 선임한 재산관리인은 관리할 재산목록을 작성하여야 한다. 2016, 2021, 2023

② 법원은 그 선임한 재산관리인에 대하여 부재자의 재산을 보존하기 위하여 필요한 처분을 명할 수 있다.

③ 부재자의 **생사가 분명하지 아니한 경우**에 이해관계인이나 검사의 청구가 있을 때에는 법원은 부재자가 정한 재산관리인에게 전2항의 처분을 명할 수 있다.

④ 전3항의 경우에 그 비용은 부재자의 재산으로써 지급한다.

제25조【관리인의 권한】

법원이 선임한 재산관리인이 **제118조**에 규정한 권한을 **넘는** 행위를 함에는 **법원의 허가를 얻어야 한다.** 부재자의 생사가 분명하지 아니한 경우에 부재자가 정한 재산관리인이 권한을 넘는 행위를 할 때에도 같다.

01   법원이 선임한 재산관리인은 재산의 보존행위를 하는 경우에 법원의 **허가를 얻어야 한다.**
(   ) 2017, 2023

02   법원이 선임한 재산관리인은 원칙적으로 법원의 허가 없이 부재자의 부동산을 **처분할 수 있다.**
(   ) 2013

03   부재자의 재산관리인이 부재자를 위해 법원의 허가 없이 부재자의 부동산을 처분하였다면, 그 후 법원의 허가를 얻더라도 그 처분은 효력이 **없다.** (   )
2013, 2017

04   법원이 선임한 부재자 재산관리인의 권한초과행위에 대한 법원의 허가 결정은 기왕의 법률행위를 추인하는 방법으로는 할 수 **없다.** (   )
2022

05   부재자 재산관리인으로서 권한초과행위의 허가를 받고 그 선임결정이 취소되기 전에 그 권한에 의하여 이루어진 행위는 부재자에 대한 실종기간이 만료된 뒤에 이루어졌다고 하더라도 유효하다. (   )
2017

06   법원이 선임한 부재자의 재산관리인은 그 부재자의 사망이 확인된 후라도 그에 대한 선임결정이 취소되지 않는 한 그 관리인으로서의 권한이 소멸되지 않는다. (   )
2023

07   법원이 선임한 재산관리인이 부재자의 사망을 확인했더라도 법원에 의해 선임결정이 취소되지 않는 한 재산관리인은 계속하여 권한을 행사할 수 있다. (   )
2013

08   부재자로부터 재산처분권을 위임받은 재산관리인은 그 재산을 처분함에 있어 법원의 허가를 받지 않아도 된다. (   )
2022

09   부재자의 생사가 분명하지 아니한 경우 부재자가 정한 재산관리인이 권한을 넘는 행위를 할 때에는 법원의 허가를 얻어야 한다. (   )
2021

━━━━━━━━━━━━━━━━━━━━━━━━ ◆ **Answer**

01 ✕   02 ✕   03 ✕   04 ✕   05 ○   06 ○   07 ○   08 ○   09 ○

제26조 【관리인의 담보제공, 보수】

① 법원은 그 선임한 재산관리인으로 하여금 재산의 관리 및 반환에 관하여 **상당한 담보를 제공하게 할 수 있다.** 2022, 2023

② 법원은 그 선임한 재산관리인에 대하여 **부재자의 재산으로 상당한 보수를 지급할 수 있다.** 2021, 2023

③ 전2항의 규정은 부재자의 생사가 분명하지 아니한 경우에 부재자가 정한 재산관리인에 준용한다.

제27조 【실종의 선고】

① **부재자의 생사가 5년간 분명하지 아니한 때에는** 법원은 이해관계인 또는 검사의 청구에 의하여 실종선고를 **하여야 한다.**

② 전지에 임한 자, 침몰한 선박 중에 있던 자, 추락한 항공기 중에 있던 자 기타 사망의 원인이 될 위난을 당한 자의 생사가 전쟁종지 후 또는 선박의 침몰, 항공기의 추락 기타 위난이 종료한 후 1년간 분명하지 아니한 때에도 제1항과 같다.

01 특별실종의 경우 실종선고를 받은 자는 **실종선고일부터** 1년의 기간이 만료한 때에 사망한 것으로 본다. (   ) 2016

02 부재자의 제1순위 상속인이 있는 경우 제2순위 상속인은 특별한 사정이 없는 한 부재자에 관한 실종선고를 청구할 수 있는 이해관계인이 아니다. (   ) 2013, 2022, 2023

03 실종자의 범죄 또는 실종자에 대한 범죄의 성부 등은 실종선고와 관계없이 결정된다. (   ) 2016

04 실종선고의 요건이 충족되면 법원은 이해관계인이나 검사의 청구에 의하여 실종선고를 하여야 한다. (   ) 2023

◆ **Answer**

01 ✕ **02** ○ **03** ○ **04** ○

제28조 【실종선고의 효과】

실종선고를 받은 자는 전조의 기간이 만료한 때에 **사망한 것으로 본다.**

01 실종선고를 받은 자는 **실종선고한 날**에 사망한 것으로 본다. (   ) 2013

02 실종선고를 받은 자는 실종기간이 만료한 때에 사망한 것으로 **추정한다.** (   ) 2018, 2022

03 실종선고를 받은 자는 특별한 사정이 없는 한 실종기간이 만료한 때에 사망한 것으로 본다.
(   ) 2023

04 실종선고가 확정되면 선고 자체가 취소되지 않는 한 실종자의 생존 기타 반증을 들어 선고의 효과를 다툴 수 없다. (　　)

2016, 2017, 2023

05 실종선고는 실종선고를 받은 자의 사법상의 법률관계뿐만 아니라 **공법상의 법률관계에도 효과를 미친다.** (　　)

2013

06 실종선고 확정 전 실종자를 당사자로 하여 선고된 판결은 효력이 **없다.** (　　)

2017

∵ 실종선고의 효력이 발생하기 전에는 실종기간이 만료된 실종자라 하여도 소송상 당사자능력을 상실하는 것은 아니므로 → 실종선고 확정 전에 제기된 소는 적법, 실종자를 당사자로 하여 선고된 판결도 유효

◆ Answer

01 × 02 × 03 ○ 04 ○ 05 × 06 ×

제29조【실종선고의 취소】

① 실종자의 생존한 사실 또는 전조의 규정과 상이한 때에 사망한 사실의 증명이 있으면 법원은 **본인, 이해관계인 또는 검사의 청구에 의하여 실종선고를 취소하여야 한다.** 그러나 실종선고 후 그 취소 전에 **선의로** 한 행위의 효력에 영향을 미치지 아니한다.
② 실종선고의 취소가 있을 때에 실종의 선고를 직접원인으로 하여 재산을 취득한 자가 **선의인 경우**에는 그 받은 이익이 현존하는 한도에서 반환할 의무가 있고 **악의인 경우**에는 그 받은 이익에 이자를 붙여서 반환하고 손해가 있으면 이를 배상하여야 한다.

01 실종선고를 받은 사람이 살아 돌아온 사실만으로 그에 대한 실종선고는 그 **효력을 상실한다.**
(　　) 2013

02 실종선고가 취소된 때 실종선고를 직접원인으로 재산을 취득한 자가 선의인 경우에는 그 받은 이익이 현존하는 한도에서 반환할 의무가 있다. (　　)

2023

03 실종선고가 취소되면 실종선고를 직접원인으로 하여 재산을 취득한 자가 악의인 경우에는 그 받은 이익이 **현존하는 한도에서 반환할 의무가 있다.** (　　)

2013

◆ Answer

01 × 02 ○ 03 ×

제30조【동시사망】
2인 이상이 동일한 위난으로 사망한 경우에는 동시에 사망한 것으로 추정한다.

01 2인 이상이 동일한 위난으로 사망한 경우 동시에 사망한 것으로 **본다.** (   ) 　　2016

02 동시사망이 추정되는 경우에도 대습상속은 인정될 수 있다. (   ) 　　2018

─◆ Answer

01 × 02 ○

◆ 더 알아보기

✦ **사망의 입증곤란 구제**

구분	동시사망 추정(제30조)	인정사망	실종선고(제28조)
사망확실여부	사망확실	사망 거의 확실(확인 ×)	사망 사실 자체 불분명
입증곤란구제	사망시기	사망사실	사망사실
추정의 범위	법률상 동시사망 추정	사실상 사망 추정	법률상 사망의제(간주)

ME
MO

행정사
백운정 민법총칙

제 **3** 장

법인

제3장 법인

제31조【법인성립의 준칙】
법인은 **법률의 규정**에 의함이 아니면 **성립**하지 못한다.

01 재단법인은 법률의 규정에 의함이 아니면 성립하지 못한다. ( ) 2024

→ Answer
01 ○

제32조【비영리법인의 성립과 허가】
학술, 종교, 자선, 기예, 사교 기타 영리 아닌 사업을 목적으로 하는 사단 또는 재단은 주무관청의 **허가를 얻어** 이를 법인으로 할 수 있다.

01 영리 아닌 사업을 목적으로 하는 재단은 주무관청의 허가를 얻어 이를 법인으로 할 수 있다.
( ) 2021

02 사교 등 비영리를 목적으로 하는 사단은 주무관청의 허가 없이 **신고만**으로 법인을 설립할 수 있다. ( ) 2016

→ Answer
01 ○ **02** ✕

제33조【법인설립의 등기】
법인은 그 주된 사무소의 소재지에서 설립등기를 함으로써 성립한다. [2021]

제34조【법인의 권리능력】
법인은 법률의 규정에 좇아 **정관으로 정한 목적의 범위 내에서** 권리와 의무의 주체가 된다. [2016, 2021]

제35조【법인의 불법행위능력】
① **법인은 이사 기타 대표자가 그 직무에 관하여 타인에게 가한 손해를 배상할 책임이 있다.** 이사 기타 **대표자는** 이로 인하여 자기의 손해배상책임을 면하지 못한다.
② 법인의 **목적범위 외의 행위로** 인하여 타인에게 손해를 가한 때에는 그 사항의 **의결에 찬성하거나** 그 **의결을 집행한** 사원, 이사 및 기타 대표자가 **연대하여 배상하여야** 한다. [2016]

01 민법 제35조 소정의 '이사 기타 대표자'에는 **대표권 없는 이사가 포함된다.** ( ) [2019]

02 대표권 없는 이사는 법인의 기관이기는 하지만 대표기관은 아니기 때문에 그 이사의 행위로 인하여 법인의 불법행위가 성립하지 않는다. ( ) [2013, 2015, 2017]

03 사단법인 甲의 대표자 乙이 직무에 관한 불법행위로 丙에게 손해를 가하였다. 乙이 청산인인 경우에도 위의 불법행위책임이 성립할 수 있다. ( ) [2021]

04 법인의 피용자가 사무집행에 관하여 불법행위를 한 경우, 법인은 민법 제756조의 책임을 부담한다. ( ) [2016]

05 법인의 대표자는 법인을 사실상 대표하는지 여부와 관계없이 대표자로 **등기되었는지 여부만을 기준으로 판단하여야 한다.** ( ) [2023]

06 민법 제35조 제1항의 법인의 대표자에는 그 명칭이나 직위 여하 또는 대표자로 등기되었는지 여부를 불문하고 당해 법인을 실질적으로 운영하면서 법인을 사실상 대표하여 법인의 사무를 집행하는 사람을 포함한다고 해석함이 상당하다. ( ) [2013, 2014, 2015, 2016, 2021]

07 甲 법인의 대표이사 乙은 대표자로서의 모든 권한을 丙에게 포괄적으로 위임하여 丙이 실질적으로 甲 법인의 사실상 대표자로서 그 사무를 집행하고 있다. 丙이 외관상 직무행위로 인하여 丁에게 손해를 입힌 경우 甲은 특별한 사정이 없는 한 丁에 대하여 법인의 불법행위책임에 관한 민법 제35조의 손해배상책임을 진다. ( ) [2022]

08 "직무에 관하여"는 행위의 외형상 대표자의 직무행위로 인정할 수 있는 행위이면 된다. ( ) [2014]

09 대표기관의 행위가 외형상 법인의 직무에 관한 행위로 인정될 수 있더라도, 그것이 개인의 사리를 도모하기 위한 것이라면 **직무에 관한 행위에 해당하지 않는다.** ( ) 2013, 2015, 2021

10 외형상 대표자의 직무행위로 인정되더라도 법령에 위반한 행위는 **직무에 관한 행위가 아니다.**
( ) 2017, 2019, 2020, 2023

11 법인의 대표자가 **부정한 대표행위를 한 경우**에 그 행위가 직무범위 내에 있더라도 **법인의 불법행위가 성립될 여지가 없다.** ( ) 2023

12 대표기관이 강행규정을 위반한 계약을 체결하여 그 상대방이 손해를 입은 경우에도 직무관련성이 인정되면 법인의 불법행위책임이 인정된다. ( ) 2013

13 법인의 대표자의 행위가 직무에 관한 행위에 해당하지 아니함을 피해자 자신이 알았거나 또는 중대한 과실로 인하여 알지 못한 경우에는 법인에게 손해배상책임을 물을 수 없다. ( )
2015

14 대표자의 행위가 직무에 관한 행위에 해당하지 아니함을 피해자가 중과실로 알지 못한 경우에도, 피해자는 **법인에게 손해배상책임을 물을 수 있다.** ( ) 2016, 2017, 2018, 2020, 2023

15 법인의 대표자의 행위가 직무에 관한 행위에 해당하지 아니함을 피해자가 **경과실로 알지 못한 경우** 법인의 불법행위책임은 **성립하지 않는다.** ( ) 2019

16 법인이 대표자의 선임·감독에 주의를 다하였음을 증명하더라도 법인의 불법행위책임으로부터 면책되지 않는다. ( ) 2013, 2021

17 법인의 불법행위책임에는 과실상계의 법리가 적용되지 **않는다.** ( ) 2020

18 법인의 불법행위책임이 성립하는 경우 가해행위를 한 대표기관은 손해배상책임을 **면한다.**
( ) 2014, 2019, 2020, 2023

19 법인의 불법행위가 성립하여 법인이 피해자에게 배상한 경우, 법인은 대표자 개인에 대하여 **구상권을 행사할 수 없다.** ( ) 2019

20 사단법인 甲의 대표자 乙이 직무에 관한 불법행위로 丙에게 손해를 가하였다. 이 경우 甲의 불법행위가 성립하여 甲이 丙에게 손해를 배상하면 甲은 乙에게 구상할 수 있다. ( ) 2021

21 법인의 목적범위 외의 행위로 인하여 타인에게 손해를 가한 경우, 그 사항의 의결에 찬성하거나 그 의결을 집행한 사원, 이사 및 기타 대표자가 연대하여 배상책임을 진다. ( ) 2015

22 법인의 권리능력을 벗어나는 행위의 효과는 법인에게 귀속되지 않기 때문에 이로 인하여 상대방이 손해를 입었더라도 그 행위를 집행한 **대표기관은 책임을 부담하지 않는다.** (   ) 2017

23 비법인사단의 대표자가 직무에 관하여 타인에게 손해를 가한 경우, 민법 제35조 제1항의 유추적용에 의해 비법인사단은 그 손해를 배상할 책임이 있다. (   ) 2017, 2018, 2020

24 비법인사단의 대표자의 행위가 직무에 관한 행위에 해당하지 아니함을 피해자가 알았거나 중대한 과실로 인하여 알지 못한 때에는 비법인사단에 손해배상책임을 물을 수 없다. (   ) 2014

➤ **Answer**

01 ×	02 ○	03 ○	04 ○	05 ×	06 ○	07 ○	08 ○	09 ×	10 ×
11 ×	12 ○	13 ○	14 ×	15 ×	16 ○	17 ×	18 ×	19 ×	20 ○
21 ○	22 ×	23 ○	24 ○						

+ 더 알아보기

✦ 법인의 불법행위책임(제35조)

구분	제35조 제1항	제35조 제2항
조문	제35조【법인의 불법행위능력】 ① 법인은 이사 기타 **대표자가 그 직무에 관하여** 타인에게 가한 손해를 배상할 책임이 있다. 이사 기타 대표자는 이로 인하여 자기의 손해배상책임을 면하지 못한다.	② 법인의 **목적범위 외**의 행위로 인하여 타인에게 손해를 가한 때에는 그 사항의 의결에 찬성하거나 그 의결을 집행한 사원, 이사 및 기타 대표자가 연대하여 배상하여야 한다.
의의	법인에 대한 법정무과실책임	**법인책임 ×, 의결찬성 사원 등 연대책임**
성립요건	1. 대표자 　① 이사, 특별대리인, 임시이사, 청산인, 직무대행자 포함 　② 등기 ×, 실질적 운영, 사실상 대표 ○ 　③ 대표권 없는 이사 ×, 이사의 대리인 ×, 감사 × 2. 직무집행관련성 　① 외형이론 → 주관적 목적, 법률위반 불문 　② 제한: 직무관련성 없다는 점에 대해 　　　상대방이 악의 or **중과실 ➡ 법인책임 ×** 　　　↳ 법인이 주장·증명책임 ○ 3. 대표자는 제750조의 불법행위로 인한 손해배상책임 ○	1. 대표자 : 좌동 2. 직무집행관련성 : × 　　　↳ 목적범위 외이므로 3. 대표자 : 좌동
효력	1. **법인책임** ○ : 과실이 없더라도 책임 ○(법정무과실책임) 　　　↳ 피해자의 과실 참작은 가능 2. 대표자는 제750조의 불법행위로 인한 손해배상책임 ○ 3. 법인과 대표자 부진정연대책임	1. 법인책임 ×, 　**의결찬성 사원 등 연대책임** 2. 대표자는 제750조의 불법행위로 인한 손해배상책임 ○ 3. 부진정연대책임

제36조【법인의 주소】
법인의 주소는 그 주된 사무소의 소재지에 있는 것으로 한다.

제37조【법인의 사무의 검사, 감독】
법인의 **사무**는 **주무관청**이 검사, 감독한다.

제38조【법인의 설립허가의 취소】
법인이 목적 이외의 사업을 하거나 설립허가의 조건에 위반하거나 기타 공익을 해하는 행위를 한 때에는 주무관청은 그 허가를 취소할 수 있다. [2015]

제39조【영리법인】
① 영리를 목적으로 하는 사단은 상사회사설립의 조건에 좇아 이를 법인으로 할 수 있다.
② 전항의 사단법인에는 모두 상사회사에 관한 규정을 준용한다.

01   영리법인은 모두 사단법인이다. (   )   [2014]

✦ **Answer**

01 ○

더 알아보기

✦ **사단법인과 재단법인의 비교**

구분	사단법인	재단법인
의의	일정한 목적 위해 결합한 사람의 단체	일정한 목적 위해 바쳐진 재산의 단체
종류	영리법인[3], 비영리법인	비영리법인만 존재[4]
설립요건	• 비영리성 • 설립행위 → 정관작성 • 주무관청의 허가 • 설립등기	• 비영리성 • 설립행위 → 출연행위 + 정관작성 • 주무관청의 허가 • 설립등기
설립행위의 법적성질	합동행위	상대방 없는 단독행위
	요식행위	
정관작성	1. 목적 2. 명칭 3. 사무소의 소재지 4. 자산에 관한 규정 5. 이사의 임면에 관한 규정 6. 사원자격의 득실에 관한 규정 7. 존립시기나 해산사유를 정하는 때에는 그 시기 또는 사유	1. 목적 2. 명칭 3. 사무소의 소재지 4. 자산에 관한 규정 5. 이사의 임면에 관한 규정 ×[5] ×
정관보충	없음[6]	• 이해관계인과 검사의 청구로 법원이 함 • 보충대상 : ① 명칭 ② 사무소 소재지 ③ 이사의 임면방법 • 목적과 자산은 정해져 있어야 함
정관변경	• 원칙적으로 정관변경 허용 • 총사원 2/3 동의 + 주무관청의 허가	• 원칙적으로 정관변경 불가 • 예외적으로 주무관청의 허가로 가능 ① 정관에 그 변경방법을 규정한 경우 ② 명칭, 사무소 소재지 변경 ③ 목적달성 불가능시 목적도 포함하여 변경 가능
해산사유	• 존립기간의 만료 • 법인의 목적의 달성 또는 달성의 불능 • 기타 정관에 정한 해산사유의 발생 • 파산 • 설립허가의 취소 • 사원이 없게 될 때 • 총사원 3/4 결의로도 해산 가능	• 존립기간의 만료 • 법인의 목적의 달성 또는 달성의 불능 • 기타 정관에 정한 해산사유의 발생 • 파산 • 설립허가의 취소 ×[7] ×

3 상법에서 규율
4 사원이 없으므로 영리법인은 개념적으로 성립 불가
5 사원이 없으므로 준용하지 않음
6 사원 스스로가 보충할 수 있기 때문
7 사원이 없으므로 해산사유 안 됨

제2절 설립

제40조 【사단법인의 정관】
사단법인의 설립자는 다음 각 호의 사항을 기재한 정관을 작성하여 기명날인하여야 한다.
1. **목적**
2. **명칭**
3. **사무소의 소재지**
4. **자산에 관한 규정**
5. **이사의 임면에 관한 규정**
6. **사원자격의 득실에 관한 규정**
7. **존립시기나 해산사유를 정하는 때에는 그 시기 또는 사유**

01 이사의 임면에 관한 사항은 정관의 **임의적** 기재사항이다. (   )   2014, 2018, 2020

02 이사자격의 득실에 관한 규정은 민법상 사단법인 설립시 정관의 **필요적 기재사항이다.** (   )
2017

03 법인의 정관에 이사의 해임사유에 관한 규정이 있는 경우 법인은 특별한 사정이 없는 한 정관에서 정하지 아니한 사유로 이사를 해임할 수 없다. (   )   2024

04 정관에 이사의 해임사유에 관한 규정이 있는 경우에는 이사의 **중대한 의무위반이 있어도** 법인은 정관에서 정하지 아니한 사유로 이사를 해임할 수 **없다.** (   )   2019

━━━━━━━━━━ ◆ **Answer**
01 × **02** × **03** ○ **04** ×

제41조 【이사의 대표권에 대한 제한】
이사의 대표권에 대한 제한은 이를 정관에 기재하지 아니하면 그 효력이 없다.

01 이사의 대표권에 대한 제한은 정관의 기재만으로도 **선의의 제3자에게 대항할 수 있다.** (   )
2013

02 이사의 대표권에 대한 제한은 이를 **정관에 기재하지 아니하여도 그 효력이 있다.** (   ) 2016

━━ ◆ **Answer**
01 × **02** ×

제42조【사단법인의 정관의 변경】
① 사단법인의 정관은 **총사원 3분의 2 이상의 동의**가 있는 때에 한하여 이를 변경할 수 있다. 그러나 정수에 관하여 정관에 다른 규정이 있는 때에는 그 규정에 의한다.
② 정관의 변경은 **주무관청의 허가**를 얻지 아니하면 그 효력이 없다.

01　사단법인의 정관은 정수에 관하여 정관에 다른 규정이 없는 한 총사원 3분의 2 이상의 동의가 있는 때에 한하여 이를 변경할 수 있다. (　　) _{2016, 2019}

02　사단법인의 정관의 변경은 주무관청의 허가를 얻지 아니하면 그 효력이 없다. (　　) ₂₀₁₆

03　정관의 변경사항이 등기사항인 경우에는 **등기하여야 정관변경의 효력이 생긴다.** (　　) ₂₀₁₉

→ **Answer**
01 ○　02 ○　03 ×

제43조【재단법인의 정관】
재단법인의 설립자는 일정한 재산을 출연하고 제40조 **제1호 내지 제5호의 사항**을 기재한 정관을 작성하여 기명날인하여야 한다.

01　법인의 존립시기나 해산사유는 재단법인 정관의 **필요적 기재사항이다.** (　　) _{2016, 2021}

→ **Answer**
01 ×

제44조【재단법인의 정관의 보충】
재단법인의 설립자가 그 **명칭, 사무소 소재지** 또는 **이사임면**의 방법을 정하지 아니하고 사망한 때에는 이해관계인 또는 검사의 청구에 의하여 **법원이 이를 정한다.** ₂₀₁₆
➡ 사단법인의 경우에는 정관의 보충에 관한 규정이 없다.

01　재단법인의 설립자가 그 명칭만 정하지 아니하고 사망한 때에는 이해관계인 또는 검사의 청구에 의하여 법원이 이를 정한다. (　　) ₂₀₂₁

02　재단법인의 설립자가 정관에 필요적 기재사항 중 이사임면의 방법만 정하지 않고 사망한 경우 이해관계인 또는 검사의 청구에 의하여 법원이 이를 정한다. (　　) ₂₀₂₄

→ **Answer**
01 ○　02 ○

제45조【재단법인의 정관변경】
① 재단법인의 정관은 그 변경방법을 정관에 정한 때에 한하여 변경할 수 있다.
② 재단법인의 목적달성 또는 그 재산의 보전을 위하여 적당한 때에는 전항의 규정에 불구하고 명칭 또는 사무소의 소재지를 변경할 수 있다.
③ 제42조 제2항의 규정은 전2항의 경우에 준용한다.
➡ 재단법인의 기본재산은 법인의 실체이고 정관의 필요적 기재사항이므로 그 처분행위는 곧 정관의 변경에 해당한다.

01   공익법인이 주무관청의 허가 없이 기본재산을 처분하는 것은 무효이다. (   )   2017

02   재단법인의 기본재산에 관한 저당권 설정행위는 특별한 사정이 없는 한 정관의 기재사항을 변경하여야 하는 경우에 해당하지 않는다. (   )   2019

03   재단법인의 기본재산을 새롭게 편입하는 행위는 **주무관청의 허가를 받지 않아도 유효하다.**
(   ) 2022

──────────◆ Answer

01 ○ **02** ○ **03** ×

제46조【재단법인의 목적 기타의 변경】
재단법인의 목적을 달성할 수 없는 때에는 설립자나 이사는 주무관청의 허가를 얻어 설립의 취지를 참작하여 그 목적 기타 정관의 규정을 변경할 수 있다. 2016, 2024

제47조【증여, 유증에 관한 규정의 준용】
① 생전처분으로 재단법인을 설립하는 때에는 증여에 관한 규정을 준용한다.
② 유언으로 재단법인을 설립하는 때에는 유증에 관한 규정을 준용한다.

제48조【출연재산의 귀속시기】
① 생전처분으로 재단법인을 설립하는 때에는 출연재산은 **법인이 성립된 때로부터** 법인의 재산이 된다.
② 유언으로 재단법인을 설립하는 때에는 출연재산은 **유언의 효력이 발생한 때**(➡ 유언자의 사망 시)로부터 법인에 귀속한 것으로 본다.

제49조【법인의 등기사항】
① 법인설립의 허가가 있는 때에는 3주간 내에 주된 사무소 소재지에서 **설립등기**를 하여야 한다.
② 전항의 등기사항은 다음과 같다.
1. 목적
2. 명칭
3. 사무소
4. 설립허가의 연월일
5. 존립시기나 해산이유를 정한 때에는 그 시기 또는 사유
6. 자산의 총액
7. 출자의 방법을 정한 때에는 그 방법
8. **이사의 성명, 주소**
9. 이사의 대표권을 제한한 때에는 그 제한

제50조【분사무소설치의 등기】
① 법인이 분사무소를 설치한 때에는 주사무소 소재지에서는 3주간 내에 분사무소를 설치한 것을 등기하고 그 분사무소 소재지에서는 동 기간 내에 전조 제2항의 사항을 등기하고 다른 분사무소소재지에서는 동 기간 내에 그 분사무소를 설치한 것을 등기하여야 한다.
② 주사무소 또는 분사무소의 소재지를 관할하는 등기소의 관할구역 내에 분사무소를 설치한 때에는 전항의 기간 내에 그 사무소를 설치한 것을 등기하면 된다.

제51조【사무소이전의 등기】
① 법인이 그 사무소를 이전하는 때에는 구소재지에서는 3주간 내에 이전등기를 하고, 신소재지에서는 동 기간 내에 제49조 제2항에 게기한 사항을 등기하여야 한다.
② 동일한 등기소의 관할구역 내에서 사무소를 이전한 때에는 그 이전한 것을 등기하면 된다.

01   법인이 주사무소 소재지를 관할하는 등기소의 관할구역 외로 주사무소를 이전하는 경우, 구소재지에서는 3주간 내에 이전등기를 하고 신소재지에서는 3주간 내에 설립등기사항에 게기한 사항을 등기하여야 한다. (   )
2016

+ **Answer**

01 ○

제52조【변경등기】

제49조 제2항의 사항 중에 변경이 있는 때에는 3주간 내에 변경등기를 하여야 한다.

제52조의2【직무집행정지 등 가처분의 등기】

이사의 직무집행을 정지하거나 직무대행자를 선임하는 가처분을 하거나 그 가처분을 변경·취소하는 경우에는 주사무소와 분사무소가 있는 곳의 등기소에서 이를 등기하여야 한다.

제53조【등기기간의 기산】

전3조의 규정에 의하여 등기할 사항으로 관청의 허가를 요하는 것은 그 허가서가 도착한 날부터 등기의 기간을 기산한다.

제54조【설립등기 이외의 등기의 효력과 등기사항의 공고】

① 설립등기 이외의 본 절의 등기사항은 그 등기 후가 아니면 제3자에게 대항하지 못한다.
② 등기한 사항은 법원이 지체 없이 공고하여야 한다.

제55조【재산목록과 사원명부】

① 법인은 성립한 때 및 매년 3월 내에 재산목록을 작성하여 사무소에 비치하여야 한다. 사업연도를 정한 법인은 성립한 때 및 그 연도 말에 이를 작성하여야 한다.
② 사단법인은 사원명부를 비치하고 사원의 변경이 있는 때에는 이를 기재하여야 한다.

제56조【사원권의 양도, 상속금지】

사단법인의 사원의 지위는 양도 또는 상속할 수 없다.

01 사단법인의 사원권의 양도, 상속금지에 관한 민법 제56조는 강행규정이 아니다. ( ) 2019

02 특별한 사정이 없으면, 사단법인의 사원의 지위는 양도 또는 상속할 수 없다. ( ) 2014

03 사단법인의 사원권은 정관에 정함이 있는 경우 상속될 수 있다. ( ) 2022

04 권리능력 없는 사단의 사원의 지위는 달리 정함이 없는 한 양도할 수 없다. ( ) 2013

05 비법인사단에서 사원의 지위는 규약이나 관행에 의하여 양도 또는 상속될 수 **없다**. ( ) 2020

◆ Answer

01 ○ 02 ○ 03 ○ 04 ○ 05 ×

제3절 기관

제57조 【이사】
법인은 **이사를 두어야** 한다.

01 민법상 이사의 임기를 제한하는 규정은 없다. (   ) 2019

02 이사의 사임은 특별한 사정이 없는 한 **주무관청의 승인이 있어야 그 효력이 발생한다.** (   ) 2024

→ **Answer**
01 ○ 02 ×

제58조 【이사의 사무집행】
① 이사는 법인의 사무를 집행한다.
② 이사가 수인인 경우에는 정관에 다른 규정이 없으면 법인의 **사무집행은** 이사의 **과반수로써** 결정한다.

01 법인의 이사가 여러 명인 경우에는 정관에 다른 규정이 없으면 법인의 사무집행은 이사의 과 반수로써 결정한다. (   ) 2018, 2021, 2024

→ **Answer**
01 ○

제59조 【이사의 대표권】
① 이사는 법인의 사무에 관하여 **각자 법인을 대표**한다. 그러나 정관에 규정한 취지에 위반할 수 없고 특히 사단법인은 총회의 의결에 의하여야 한다.
② 법인의 대표에 관하여는 **대리**에 관한 규정을 **준용**한다. 2018, 2021

01 이사가 여러 명인 경우, 법인의 사무에 관하여 **공동으로 법인을 대표하는 것이 원칙이다.** (   ) 2013

02 사단법인 A의 대표이사 甲이 A를 대표하여 乙과 매매계약을 체결하였다. 甲이 A를 위하여 매수인 乙로부터 매매대금을 수령한 경우에 A의 채무불이행을 이유로 乙이 매매계약을 유효 하게 해제하면 특별한 사정이 없는 한 해제로 인한 원상회복의무는 **甲이 부담한다.** (   ) 2024

→ **Answer**
01 × 02 ×

제60조【이사의 대표권에 대한 제한의 대항요건】
이사의 대표권에 대한 제한은 등기하지 아니하면 **제3자에게** 대항하지 못한다.

01 이사의 대표권에 대한 제한은 정관에 기재하여야 효력이 발생하고, 등기하면 제3자에게 대항할 수 있다. (   )
2017

02 이사의 대표권 제한에 관한 정관의 규정이 등기되어 있지 않으면, 법인은 그 규정으로 악의의 제3자에게도 대항할 수 없다. (   )
2014, 2018, 2022, 2024

03 권리능력 없는 사단에 대하여는 사단법인에 관한 민법규정 가운데서 법인격을 전제로 하는 것을 제외하고는 이를 유추적용한다. (   )
2013

04 비법인사단에는 대표권 제한 등기에 관한 규정이 적용되지 않는다. (   )
2017, 2023

──────────── ✦ **Answer**

01 ○ **02** ○ **03** ○ **04** ○

➕ 더 알아보기

✦ 법인과 비법인사단 대표권제한 비교

대표권제한	법인	비법인사단
유효요건	정관기재	정관기재
대항요건	• 등기(제60조) ○, 제3자에 대항 가능 • if 등기 ×, 선악불문 대항 불가	• 제60조 유추적용 × → 일단 거래 유효 • 거래 상대방이 알았거나 알 수 있었음(악의·과실)을 비법인사단이 입증하면 대항 가능(무효주장)

제60조의2【직무대행자의 권한】
① 제52조의2의 직무대행자는 가처분명령에 다른 정함이 있는 경우 외에는 법인의 **통상사무에** 속하지 아니한 행위를 하지 못한다. 다만, 법원의 허가를 얻은 경우에는 그러하지 아니하다.
② 직무대행자가 제1항의 규정에 위반한 행위를 한 경우에도 법인은 선의의 제3자에 대하여 책임을 진다.

01 이사의 직무대행자는 원칙적으로 법인의 통상사무에 속하는 행위만을 할 수 있다. (　　) 2014

02 민법 규정에 의하여 선임된 직무대행자가 그 권한을 정한 규정에 위반하여 법인의 통상사무 범위를 벗어난 행위를 한 경우, 법인은 선의의 제3자에 대하여 책임을 진다. (　　) 2018

--• **Answer**

01 ○ 02 ○

제61조【이사의 주의의무】

이사는 선량한 관리자의 주의로 그 직무를 행하여야 한다.

제62조【이사의 대리인선임】

이사는 정관 또는 총회의 결의로 금지하지 아니한 사항에 한하여 타인으로 하여금 **특정한 행위를 대리** 하게 할 수 있다. 2013, 2019, 2021, 2024

01 이사는 원칙적으로 법인의 제반 업무처리를 대리인에게 포괄적으로 위임할 수 없다. (　　) 2020

02 이사가 그의 권한으로 선임한 대리인은 **법인의 기관이다.** (　　) 2014

※ **甲법인의 대표이사 乙은 대표자로서의 모든 권한을 丙에게 포괄적으로 위임하여 丙이 실질적으로 甲법인의 사실상 대표자로서 그 사무를 집행하고 있다(3-4).**

03 甲의 사무에 관한 丙의 대행행위는 원칙적으로 甲에게 효력이 미치지 않는다. (　　) 2022

04 만약 甲이 비법인사단이라면 乙은 甲의 사무 중 정관에서 대리를 금지한 사항의 처리에 대해 서도 丙에게 **포괄적으로 위임할 수 있다.** (　　) 2022

05 비법인사단의 대표자는 비법인사단의 제반 업무처리를 대리인에게 포괄적으로 위임할 수 없다.

(　　) 2022

--• **Answer**

01 ○ 02 × 03 ○ 04 × 05 ○

제63조 【임시이사의 선임】
이사가 **없거나 결원이** 있는 경우에 이로 인하여 손해가 생길 염려가 있는 때에는 **법원은 이해관계인이나 검사의 청구에** 의하여 **임시이사를 선임하여야** 한다. 2024

01 임시이사 선임의 요건인 '이사가 없거나 결원이 있는 경우'란 이사가 전혀 없거나 정관에서 정한 인원수에 부족이 있는 경우를 말한다. (   ) 2019

02 이사가 없거나 결원이 있는 경우에 이로 인하여 손해가 생길 염려가 있는 때에는 법원은 이해관계인이나 검사의 청구에 의하여 **직무대행자**를 선임하여야 한다. (   ) 2015

03 이사가 없는 경우에 이로 인하여 손해가 생길 염려 있는 경우, 법원은 이해관계인의 청구에 의하여 **특별대리인을** 선임하여야 한다. (   ) 2016

04 임시이사는 법인과 이사의 **이익이 상반하는 사항**에 관하여 선임되는 법인의 기관이다. (   ) 2021

05 비법인사단에 이사의 결원이 생긴 경우에는 임시이사 선임에 관한 민법규정이 **유추적용되지 않는다.** (   ) 2019

◆ **Answer**
01 ○ **02** × **03** × **04** × **05** ×

제64조 【특별대리인의 선임】
법인과 이사의 **이익이 상반하는 사항**에 관하여는 이사는 대표권이 없다. 이 경우에는 전조의 규정에 의하여 **특별대리인을 선임하여야** 한다.

01 특별한 사정이 없으면, 법인과 이사의 이익이 상반하는 사항에 관하여는 그 이사는 대표권이 없다. (   ) 2014, 2024

02 법인과 이사의 이익상반행위로 특별대리인을 선임하는 경우, 법원은 이해관계인이나 검사의 청구에 의하여 선임하여야 한다. (   ) 2018

03 법인과 이사의 이익이 상반하는 사항에 대해서는 법원이 이해관계인이나 검사의 청구에 의하여 **임시이사를** 선임하여야 한다. (   ) 2013, 2015

◆ **Answer**
01 ○ **02** ○ **03** ×

제65조【이사의 임무해태】

이사가 그 임무를 해태한 때에는 그 이사는 법인에 대하여 연대하여 손해배상의 책임이 있다.

제66조【감사】

법인은 정관 또는 총회의 결의로 **감사를 둘 수 있다.**

01 법인은 정관 또는 총회의 결의로 감사를 **두어야** 한다. (　　) 　2016

02 감사는 필요기관이 아니다. (　　) 　2014, 2018, 2022

03 사단법인의 이사와 **감사는** 필수기관이다. (　　) 　2015

◆ Answer

01 ✕　**02** ○　**03** ✕

제67조【감사의 직무】

감사의 직무는 다음과 같다.
1. 법인의 재산상황을 감사하는 일
2. 이사의 업무집행의 상황을 감사하는 일
3. 재산상황 또는 업무집행에 관하여 부정, 불비한 것이 있음을 발견한 때에는 이를 총회 또는 주무 관청에 보고하는 일
4. 전호의 보고를 하기 위하여 필요 있는 때에는 총회를 소집하는 일

01 사단법인의 감사는 법인의 재산싱황에 관하여 부성한 것이 있음을 발견한 경우 이를 총회에 보고하기 위해 필요하더라도 임시총회를 소집할 권한은 **없다.** (　　) 2024

◆ Answer

01 ✕

제68조【총회의 권한】

사단법인의 사무는 정관으로 이사 또는 기타 임원에게 위임한 사항 외에는 **총회의 결의에 의하여야 한다.**

01 정관의 규범적 의미와 다른 해석이 사원총회의 결의에 의해 표명되었더라도 이는 법원을 구속하는 효력이 없다. (　　) 　2020

◆ Answer

01 ○

제69조【통상총회】
사단법인의 이사는 매년 1회 이상 통상총회를 소집하여야 한다. [2018]

제70조【임시총회】
① 사단법인의 **이사는** 필요하다고 인정한 때에는 임시총회를 소집할 수 있다.
② **총사원의 5분의 1 이상으로부터** 회의의 **목적사항을 제시하여 청구**한 때에는 **이사는** 임시총회를 소**집하여야** 한다. 이 정수는 정관으로 증감할 수 있다.
③ 전항의 **청구가** 있은 후 2주간 내에 이사가 총회소집의 절차를 밟지 아니한 때에는 청구한 **사원은** 법원의 허가를 얻어 이를 소집할 수 있다.

제71조【총회의 소집】
총회의 소집은 1주간 전에 그 회의의 목적사항을 기재한 통지를 **발**하고 기타 정관에 정한 방법에 의하여야 한다.

제72조【총회의 결의사항】
총회는 전조의 규정에 의하여 **통지한 사항에 관하여서만 결의**할 수 있다. 그러나 정관에 다른 규정이 있는 때에는 그 규정에 의한다.

01 사원총회의 의결사항은 정관에 다른 규정이 없으면, 총회를 소집할 때 미리 통지된 사항에 한한다. (   )
2015, 2018

✦ **Answer**

01 ○

제73조【사원의 결의권】
① 각 사원의 결의권은 평등으로 한다.
② 사원은 서면이나 대리인으로 결의권을 행사할 수 있다.
③ 전2항의 규정은 정관에 다른 규정이 있는 때에는 적용하지 아니한다.

제74조【사원이 결의권 없는 경우】
사단법인과 어느 사원과의 관계사항을 의결하는 경우에는 그 사원은 결의권이 없다.

01 이사회의 결의사항에 이해관계가 있는 이사는 의결권이 없다. (   )
2020
∴ 이사회에 제74조 유추적용

✦ **Answer**

01 ○

제75조【총회의 결의방법】

① 총회의 결의는 본법 또는 정관에 다른 규정이 없으면 사원과반수의 출석과 출석사원의 결의권의 과반수로써 한다.

② 제73조 제2항의 경우에는 해당사원은 출석한 것으로 본다.

01   사원총회의 결의는 민법 또는 정관에 다른 규정이 없으면 사원 과반수의 출석과 출석사원의 결의권의 과반수로써 한다. (   )

2019

◆ Answer

01 ○

제76조【총회의 의사록】

① 총회의 의사에 관하여는 의사록을 작성하여야 한다.

② 의사록에는 의사의 경과, 요령 및 결과를 기재하고 의장 및 출석한 이사가 기명날인하여야 한다.

③ 이사는 의사록을 주된 사무소에 비치하여야 한다.

제4절 해산

제77조【해산사유】

① 법인은 존립기간의 만료, 법인의 목적의 달성 또는 달성의 불능 기타 정관에 정한 해산사유의 발생, 파산 또는 설립허가의 취소로 해산한다.

② **사단법인**은 사원이 없게 되거나 총회의 결의로도 해산한다.

01   사단법인은 사원총회의 결의로도 해산할 수 있다. (   )

2020

◆ Answer

01 ○

제78조【사단법인의 해산결의】

사단법인은 **총사원 4분의 3 이상의 동의**가 없으면 해산을 결의하지 못한다. 그러나 정관에 다른 규정이 있는 때에는 그 규정에 의한다.

01 사단법인 총회의 해산결의는 정관에 다른 규정이 없는 한 총사원의 4분의 3 이상의 동의가 필요하다. ( ) 2014, 2022

✦ **Answer**

01 ○

제79조【파산신청】

법인이 채무를 완제하지 못하게 된 때에는 이사는 지체 없이 파산신청을 하여야 한다. 2019

제80조【잔여재산의 귀속】

① 해산한 법인의 재산은 **정관으로 지정한 자**에게 귀속한다.

② 정관으로 귀속권리자를 지정하지 아니하거나 이를 지정하는 방법을 정하지 아니한 때에는 이사 또는 청산인은 주무관청의 허가를 얻어 그 법인의 목적에 **유사한 목적을 위하여** 그 재산을 처분할 수 있다. 그러나 사단법인에 있어서는 **총회의 결의**가 있어야 한다.

③ 전2항의 규정에 의하여 처분되지 아니한 재산은 **국고에 귀속**한다.

01 청산절차에 관한 규정은 모두 제3자의 이해관계에 중대한 영향을 미치는 것으로서 강행규정이다.
( ) 2015

02 법인해산 시 잔여재산의 귀속에 관한 민법 제80조는 **강행규정이 아니다.** ( ) 2019

03 민법상 청산절차에 관한 규정에 반하는 잔여재산 처분행위는 특단의 사정이 없는 한 무효이다.
( ) 2020, 2022

✦ **Answer**

01 ○ **02** ✕ **03** ○

제81조 【청산법인】

해산한 법인은 청산의 목적범위 내에서만 권리가 있고 의무를 부담한다. 2022

제82조 【청산인】

법인이 해산한 때에는 파산의 경우를 제하고는 이사가 청산인이 된다. 그러나 정관 또는 총회의 결의로 달리 정한 바가 있으면 그에 의한다.

01   법인이 설립허가의 취소로 해산하는 경우 원칙적으로 이사는 청산인이 될 수 **없다**. (   ) 2013

+ **Answer**

01 ✕

제83조 【법원에 의한 청산인의 선임】

전조의 규정에 의하여 청산인이 될 자가 없거나 청산인의 결원으로 인하여 손해가 생길 염려가 있는 때에는 법원은 직권 또는 이해관계인이나 검사의 청구에 의하여 청산인을 선임할 수 있다.

제84조 【법원에 의한 청산인의 해임】

중요한 사유가 있는 때에는 법원은 직권 또는 이해관계인이나 검사의 청구에 의하여 청산인을 해임할 수 있다.

제85조 【해산등기】

① 청산인은 파산의 경우를 제하고는 취임 후 3주간 내에 해산의 사유 및 연월일, 청산인의 성명 및 주소와 청산인의 대표권을 제한한 때에는 그 제한을 주된 사무소 및 분사무소 소재지에서 등기하여야 한다.
② 제52조의 규정은 전항의 등기에 준용한다.

제86조 【해산신고】

① 청산인은 파산의 경우를 제하고는 취임 후 3주간 내에 전조 제1항의 사항을 주무관청에 신고하여야 한다.
② 청산 중에 취임한 청산인은 그 성명 및 주소를 신고하면 된다.

제87조 【청산인의 직무】

① 청산인의 직무는 다음과 같다.
  1. 현존사무의 종결
  2. 채권의 추심 및 채무의 변제
  3. 잔여재산의 인도
② 청산인은 전항의 직무를 행하기 위하여 필요한 모든 행위를 할 수 있다.

제88조【채권신고의 공고】
① 청산인은 취임한 날부터 2개월 내에 3회 이상의 공고로 채권자에 대하여 일정한 기간 내에 그 채권을 신고할 것을 최고하여야 한다. 그 기간은 2개월 이상이어야 한다.
② 전항의 공고에는 채권자가 기간 내에 신고하지 아니하면 청산으로부터 제외될 것을 표시하여야 한다.
③ 제1항의 공고는 법원의 등기사항의 공고와 동일한 방법으로 하여야 한다.

제89조【채권신고의 최고】
청산인은 알고 있는 채권자에게 대하여는 각각 그 채권신고를 최고하여야 한다. 알고 있는 채권자는 청산으로부터 제외하지 못한다.

제90조【채권신고기간 내의 변제금지】
청산인은 제88조 제1항의 채권신고기간 내에는 채권자에 대하여 변제하지 못한다. 그러나 법인은 채권자에 대한 지연손해배상의 의무를 면하지 못한다.

01 법인의 청산인은 채권신고기간 내에는 채권자에 대하여 변제하지 못하므로 법인은 그 기간 동안의 지연손해배상의무를 **면한다.** (   )   2022

✦ **Answer**
01 ×

제91조【채권변제의 특례】
① 청산 중의 법인은 변제기에 이르지 아니한 채권에 대하여도 변제할 수 있다. 2022
② 전항의 경우에는 조건 있는 채권, 존속기간의 불확정한 채권 기타 가액의 불확정한 채권에 관하여는 법원이 선임한 감정인의 평가에 의하여 변제하여야 한다.

01 청산 중의 법원은 채권신고기간이 경과하더라도 변제기에 이르지 않은 채권에 대해서는 변제할 수 **없다.** (   )   2015

✦ **Answer**
01 ×

제92조【청산으로부터 제외된 채권】
청산으로부터 제외된 채권자는 법인의 채무를 완제한 후 귀속권리자에게 인도하지 아니한 재산에 대하여서만 변제를 청구할 수 있다.

제93조【청산 중의 파산】
① 청산 중 법인의 재산이 그 채무를 완제하기에 부족한 것이 분명하게 된 때에는 청산인은 지체 없이 파산선고를 신청하고 이를 공고하여야 한다.
② 청산인은 파산관재인에게 그 사무를 인계함으로써 그 임무가 종료한다.
③ 제88조 제3항의 규정은 제1항의 공고에 준용한다.

제94조【청산종결의 등기와 신고】
청산이 종결한 때에는 청산인은 3주간 내에 이를 등기하고 주무관청에 신고하여야 한다. [2015]

01 법인에 대한 청산종결등기가 경료되었다면 청산사무가 종결되지 않았더라도 그 법인은 **소멸한다.** (   ) [2015, 2019, 2024]

✦ **Answer**
01 ×

제95조【해산, 청산의 검사, 감독】
법인의 **해산 및 청산은 법원이** 검사, 감독한다. [2019]

01 법인의 해산과 청산은 **청산인**이 감독한다. (   ) [2014]

✦ **Answer**
01 ×

제96조【준용규정】
제58조 제2항(이사의 사무집행), 제59조 ~ 제62조(이사의 대표권, 동제한, 주의의무, 대리인선임), 제64조(특별대리인의 선임), 제65조 및 제70조(이사의 임무해태, 임시총회의 소집)의 규정은 청산인에 이를 준용한다.

01 청산인은 청산법인의 능력 범위 내에서 대내적으로 청산사무를 집행하고 대외적으로 청산법인을 대표한다. (   ) [2020]

02 이사 전원의 의결에 의하여 잔여재산을 처분하도록 한 사단법인의 정관 규정은 성질상 등기하여야만 제3자에게 대항할 수 있는 청산인의 **대표권에 관한 제한으로 보아야 한다.** (   ) [2020]

─✦ **Answer**
01 ○ 02 ×

제5절 벌칙

제97조 【벌칙】

법인의 이사, 감사 또는 청산인은 다음 각 호의 경우에는 500만원 이하의 과태료에 처한다.

    1. 본장에 규정한 등기를 해태한 때
    2. 제55조의 규정에 위반하거나 재산목록 또는 사원명부에 부정기재를 한 때
    3. 제37조, 제95조에 규정한 검사, 감독을 방해한 때
    4. 주무관청 또는 총회에 대하여 사실 아닌 신고를 하거나 사실을 은폐한 때
    5. 제76조와 제90조의 규정에 위반한 때
    6. 제79조, 제93조의 규정에 위반하여 파산선고의 신청을 해태한 때
    7. 제88조, 제93조에 정한 공고를 해태하거나 부정한 공고를 한 때

더 알아보기

✦ 조합 · 비법인사단 · 사단법인 비교

구분	조합	비법인사단	사단법인
사단성	단체성 약함 (조직과 기관 부재)	단체성 강함 (조직과 기관 존재)	단체성 강함 (조직과 기관 존재)
규율	계약	정관 기타 규약	정관
권리능력	부정	부정	긍정
당사자능력	부정	긍정[8]	긍정
재산소유형태	조합들의 합유	사원들의 총유	법인 단독소유
단체의 행위자	조합원 또는 조합대리	기관(대표자)	기관(대표자)
등기능력	부정	긍정	긍정
불법행위능력	부정	긍정	긍정
채무관계	조합재산: 책임 ○ 조합원 개인 재산도 책임 ○	비법인 재산만으로 책임 ○ 사원은 책임 ×	법인 재산만으로 책임 ○ 사원은 책임 ×

---

8 민사소송법 제52조 명문규정 있음, 따라서 비법인사단 명의로 소송수행 가능

✦ 비법인사단

비법인사단과 조합의 구별기준	① 명칭구애 × ② 단체성 강약 판단: 　├ ⅰ) 조직행위 **필요, 예외: 종중**(자연발생적 집단) → 불요 　├ ⅱ) 다수결방식 　└ ⅲ) 단체존속(구성원의 가입 · 탈퇴 상관없이)
법률관계	1. 권리능력: × 2. 법인규정 ┬ 원칙: 유추적용 　　　　　　└ **예외**: 법인격 전제 ➡ **제60조**(이사의 대표권 제한) × 3. 소유형태: **총유** 　　　　└ ⅰ) 관리 · 처분행위(제276조) 　　　　　　├ 사원총회 결의 **要** 　　　　　　└ **위반 시: 무효(강행규정)** ➡ **제126조** × 　　　ⅱ) 보존행위 ┬ ① 사원총회 결의 **要** 　　　　　　　　├ ② 단체명의 또는 구성원 전원이 함께 ○ 　　　　　　　　└ ③ 구성원 개인 명의 × (**대표자도 ×**) 2023 4. 당사자능력, 등기능력: ○
종중	1. 종중: ① 공동선조의 분묘수호와 제사 및 종중원상호간 친목 도모 목적 　➡ 자연발생적인 관습상의 종족집단: 조직행위 × ② 본질적 권리: 침해금지 → 출석권, 의결권 ③ 소집통지 권한 없는 자: 소집통지 → 무효 　　　　　　　　BUT 후에 적법 소집한 총회의 추인 可 2. 고유의미 종중 ×, **종중 유사단체 인정여부** ➡ 권리능력 없는 사단 ○(判) 　　　　├ ⅰ) **사적 임의단체**: 일부 구성원의 의결권 등 제한 ○(사적자치로 유효) 　　　　└ ⅱ) **조직행위 ×**
교회	**교회의 분열: 인정 ×**(비법인사단에 적용) 　├ 민법 기본법리 적용 　└ 사원지위 상실: 　　**교회의 동일성 인정여부** 　　　└ **정관변경 2/3 이상** ┬ ○: 탈퇴 → 탈퇴한 교회 교인들의 총유 2023 　　　　　　　　　　　└ ×: 탈퇴 → 잔존교회 교인들의 총유

행정사
백운정 민법총칙

제 **4** 장

물건

제4장 물건

제98조【물건의 정의】
본법에서 **물건**이라 함은 **유체물** 및 전기 기타 **관리할 수 있는 자연력**을 말한다. 2023

01 전기 기타 관리할 수 있는 자연력은 물건이다. ( ) 2013, 2015

02 민법상 전기(電氣)는 물건이다. ( ) 2016

03 분묘에 안치되어 있는 선조의 유골은 그 제사주재자에게 승계된다. ( ) 2021

04 피상속인이 유언으로 자신의 유골의 매장장소를 지정한 경우 **제사주재자는 피상속인의 의사에 따를 법률적 의무를 부담한다**. ( ) 2022

05 지하에서 용출되는 온천수는 토지의 구성부분일 뿐 그 토지와 독립된 권리의 객체가 아니다.
( ) 2018

06 장소, 종류, 수량 등이 특정되어 있는 집합물은 양도담보의 대상이 될 수 있다. ( ) 2018

Answer

01 ○ 02 ○ 03 ○ 04 × 05 ○ 06 ○

제99조【부동산, 동산】
① 토지 및 그 정착물은 부동산이다.
② 부동산 이외의 물건은 동산이다.

01 최소한의 기둥과 지붕 및 주벽이 있는 건물은 토지와는 별개의 독립한 물건으로 인정될 수 있다. ( ) 2013, 2017, 2023

02 건물의 개수는 **공부상의 등록에 의하여만 결정된다**. ( ) 2019

03 건물의 개수(個數)를 결정함에 있어서 건축자나 소유자의 의사 등 **주관적 사정은 고려되지 않는다.** ( )
2020

04 권원 없이 타인의 토지에 한 그루의 수목을 식재한 사람은 그 소유권을 잃는다. ( ) 2014

05 타인의 토지 위에 권원 없이 식재한 수목의 소유권은 특별한 사정이 없는 한 **식재한 자에게 속한다.** ( )
2023

06 「입목에 관한 법률」에 따라 등기된 입목은 그 토지와 독립하여 거래의 객체가 될 수 **없다.**
( ) 2018

07 「입목에 관한 법률」에 따라 등기된 입목에는 저당권이 설정될 수 있다. ( ) 2013
비교 명인방법 → 저당권 설정 ×

08 「입목에 관한 법률」에 따른 입목등기를 하지 않은 수목이더라도 병인방법을 갖추면 토지와 독립된 부동산으로서 거래의 객체가 된다. ( )
2015

09 금전은 동산이다. ( ) 2021

10 관리할 수 있는 자연력은 동산이다. ( ) 2021

◆ Answer

01 ○ 02 × 03 × 04 ○ 05 × 06 × 07 ○ 08 ○ 09 ○ 10 ○

제100조【주물, 종물】
① 물건의 소유자가 **그 물건의 상용에 공하기 위하여 자기소유인 다른 물건을** 이에 부속하게 한 때에는 그 부속물은 종물이다.
② 종물은 주물의 처분에 따른다.

01 주물의 소유자의 사용에 공여되고 있더라도 주물 그 자체의 효용과 직접 관계가 없는 물건은 종물이 아니다. ( )
2014, 2015, 2018, 2019, 2020, 2022

02 주물의 구성부분도 종물이 될 수 **있다.** ( ) 2019, 2024

03 독립한 물건이라도 부동산은 종물이 될 수 **없다.** ( ) 2024

04 주물의 소유자가 아닌 다른 사람의 소유에 속하는 물건은 종물이 될 수 없다. (　　) 2017, 2020

05 주물과 종물은 모두 동일한 소유자에 속하여야 하므로 **법률상 하나의 물건으로 취급된다.**
(　　) 2014

06 주유소의 주유기는 특별한 사정이 없는 한 주유소 건물의 종물이다. (　　) 2023

07 '종물은 주물의 처분에 따른다'고 규정한 민법 제100조 제2항의 '처분'에는 **공법상 처분은 포함되지 않는다.** (　　) 2022

08 주물이 압류된 경우 압류의 효력은 종물에도 미친다. (　　) 2016

09 주물에 대한 점유시효취득의 효력은 **점유하지 않는 종물에도 미친다.** (　　) 2024

10 '종물은 주물의 처분에 따른다'는 민법의 규정은 임의규정이다. (　　) 2013, 2019

11 주물과 종물을 별도로 처분하는 약정은 효력이 **없다.** (　　) 2015, 2016, 2017, 2020, 2022, 2024

12 종물은 주물의 처분에 따른다는 민법 제100조 제2항의 규정은 **권리 상호 간에 적용될 수 없다.**
(　　) 2016, 2017

13 원본채권이 양도되면 특별한 사정이 없는 한 **이미 변제기에 도달한 이자채권도 당연히 함께 양도된다.** (　　) 2022

14 주물을 점유에 의하여 시효취득하여도 종물을 점유하지 않았다면 그 효력은 종물에 미치지 않는다. (　　)
∴ 점유 기타 사실관계에 기한 권리변동은 처분에 해당 × 2021

◆ **Answer**

01 ○　02 ×　03 ×　04 ○　05 ×　06 ○　07 ×　08 ○　09 ×　10 ○
11 ×　12 ×　13 ×　14 ○

제101조【천연과실, 법정과실】

① 물건의 **용법에 의하여** 수취하는 산출물은 **천연과실**이다. 2023
② 물건의 **사용대가로** 받은 금전 기타의 물건은 **법정과실로** 한다.

01 권리의 과실(果實)은 **민법상 과실(果實)이다.** ( ) 　　　　2021

02 물건의 사용대가로 받는 금전 기타 물건은 **천연과실이다.** ( ) 　　2013, 2024

03 국립공원의 입장료는 법정과실이 아니다. ( ) 　　　　2018, 2020
∴ 원칙적으로 국가가 부담하여야 할 국립공원의 유지·관리비를 수익자부담의 원칙을 적용하여 이용자에게 징수

→ **Answer**
01 × **02** × **03** ○

제102조【과실의 취득】

① **천연과실은** 그 **원물로부터 분리하는 때에** 이를 **수취할 권리자에게** 속한다.
② **법정과실은 수취할 권리의 존속기간일수의 비율로** 취득한다. 2017

01 물건의 소유자만이 아니라 그 물건의 수익권자도 과실을 수취할 수 있는 권리자이다. ( )
　　　　2014

02 **천연과실**은 수취할 권리의 존속기간일수의 비율로 취득한다. ( ) 　　2015, 2019

03 물건의 사용대가로 받는 금전 기타의 물건은 수취할 권리의 존속기간 일수의 비율로 취득한다.
( ) 2014

04 법정과실은 수취할 권리의 존속기간일수의 비율로 취득하고, 천연과실은 그 원물로부터 분리하는 때에 이를 수취할 권리자에 속한다. ( ) 　　　　2016

→ **Answer**
01 ○ **02** × **03** ○ **04** ○

더 알아보기

✦ 권리의 객체

물건		제98조【물건의 정의】 본법에서 **물건**이라 함은 **유체물** 및 전기 기타 **관리할 수 있는 자연력**을 말한다. ① 유체물 + 자연력(무체물)　② 관리가능성 ○ ③ 비인격성　④ 독립성 → 구성부분 ×
물건의 종류	부동산 · 동산	제99조【부동산, 동산】 ① 토지 및 그 정착물은 부동산이다. ② 부동산 이외의 물건은 동산이다.
		1. 부동산 ┌ 토지 : 지적공부의 등록단위가 되는 필(筆)을 표준으로 정함 └ 정착물 : 　① 독립정착물 ┌ 건물 → **사회통념** : 최소한 기둥, 지붕, 주벽 有 (원시취득 : 제187조) 　　　　　　　└ 농작물 → 경작자 소유(권원유무, 명인방법 유무 불문) 　② 반독립정착물 – 수목, 미분리의 과실 ┌ **원칙** : 부합(토지소유자 소유) 　　　　　　　　　　　　　　　　└ **예외** ┌ 수목 : **입목등기**, 명인방법 　　　　　　　　　　　　　　　(권원○)　└ **저당권**○ 　　　　　　　　　　　　　　　　　　　└ 미분리과실 : 명인방법 2. 동산 : 부동산 아닌 것(**예** 관리가능한 자연력 ○)
	주물 · 종물	제100조【주물, 종물】 ① 물건의 소유자가 그 물건의 **상용**에 **공**하기 위하여 **자기소유인 다른 물건**을 이에 **부속**하게 　한 때에는 그 부속물은 **종물**이다. ② 종물은 주물의 처분에 따른다. 1. 종물의 성립요건 ┌ ① 상용(常用)에 공(共) – 주물의 경제적 효용과 직접적 관계 有 ├ ② 독립성 要 (구성부분 ×) └ ③ 주물과 종물 : 원칙 소유자 동일 　**判**) 긍정 : 주유기, 연탄창고(부동산 ○) 　　　부정 : 유류저장탱크, 정화조, 호텔의 TV 등 2. 효과 : **제100조 제2항** : 처분의 수반성 ┌ 임의규정 　　　　　　　　　　　　　　　　　　└ 주된 권리, 종된 권리 : 적용 ○
	원물 · 과실	제101조【천연과실, 법정과실】 ① 물건의 **용법**에 **의하여** **수취**하는 산출물은 **천연과실**이다. ② 물건의 **사용대가**로 받은 금전 기타의 물건은 **법정과실**로 한다. 제102조【과실의 취득】 ① **천연과실**은 그 원물로부터 분리하는 때에 이를 **수취할 권리자**에게 속한다. ② 법정과실은 수취할 권리의 **존속기간일수의 비율**로 취득한다. 1. 천연과실 → 물건의 용법에 의하여 수취하는 산출물　　※ **사용이익 포함** 　　└ 수취할 권리자에 귀속 ○ (수취한 자 ×) 2. 법정과실 – 물건의 **사용대가**로 받은 금전 기타의 물건 – 권리 × 　　└ 존속기간일수의 **비율**로 취득 ○

행정사
백운정 민법총칙

제 **5** 장

법률행위

법률행위

1. 법률행위의 요건

분류	성립요건	효력요건
일반적 요건	• 당사자 • 목적 • 의사표시	• 권리능력, 의사능력, 행위능력 有 • 확정가능성, 실현가능성, 적법성, 사회적 타당성 有 • 의사와 표시의 일치, 의사표시에 하자가 無
특별 요건	• 요물계약: 물건의 인도 • 계약: 의사표시의 합치	• 대리행위에서 대리권의 존재 • 조건부, 기한부 법률행위에서 조건의 성취, 기한의 도래 • 토지거래허가구역 내의 토지거래계약에 관한 관할관청의 허가

2. 법률행위의 해석방법

구분	자연적 해석	규범적 해석	보충적 해석
개념	표의자의 내심의 진의를 밝히는 해석방법(표의자 입장) → 당사자가 사실상 일치하여 이해한 경우에는 그 의미대로 효력을 인정	표의자의 내심적 **의사의 확정이 불가능한 경우** 표시행위의 객관적 의미를 밝히는 해석방법(상대방 입장)	**이미 성립한 법률행위의 내용에 흠결이 있는 경우** 당사자의 '가상적 의사'를 통하여 그 흠결을 보충하는 해석방법(제3자 입장) → 자연적 해석 또는 규범적 해석에 의하여 법률행위의 성립이 인정된 후에 비로소 논의되는 문제
적용범위 및 효과	[1] 상대방 없는 단독행위 자연적 해석이 적용되는 대표적인 경우 (유언 등 단독행위에 있어서는 표시를 잘못한 때에도 언제나 진의에 따른 효과가 발생) [2] 계약 ① 오표시 무해의 원칙 적용 ② 진의와 표시가 달라도 당사자 모두 진의대로 이해한 경우, 표의자의 진의를 상대방이 이미 올바르게 파악한 경우 등에서 진의에 따른 효과가 인정됨	[1] 표의자가 표시를 잘못하고 **상대방도 표시된 대로 이해한 경우**에 적용되며, 일단 표시된 대로의 법률행위가 유효하게 성립하며 다만 착오에 의한 취소 문제가 발생하게 됨 [2] 甲이 98만원에 매도할 생각이 있었으나 89만원으로 잘못 표기하고 상대방 乙은 89만원으로 인식하고 도장을 찍은 경우	[1] 계약이 이미 성립하였고, 그 내용에 흠결이 있는 경우에 한하여 적용(법률행위 내용에 흠결이 없는 경우에 적용되는 자연적, 규범적 해석과 구별) [2] 흠결내용에 대한 임의법규나 관습이 있는 때는 그를 통하여 법률행위 내용의 간극을 보충할 수 있으나 그러한 보충이 불가능한 때는 '당사자의 가상적 의사'를 통하여 간극을 보충

착오와 관계	착오규정이 적용 × (그릇된 표시에도 불구하고 당사자가 일치하여 생각한 의미대로 효력이 있기 때문)	착오가 중요한 문제로 제기	착오 문제가 발생 ×
판례상 적용례	목적물지번에 관한 당사자 쌍방의 공통하는 착오 - 甲, 乙이 모두 A토지를 계약목적으로 삼았으나 계약서에 B토지를 잘못 표기한 경우에도 쌍방당사자의 의사합치가 있는 이상 A토지에 관하여 매매계약이 성립하며, 만약 B토지에 관해 이전등기가 경료되었다면 이는 원인없이 경료된 것으로 무효(대판 1993.10.26, 93다2629)		

제1절 총칙

제103조【반사회질서의 법률행위】
선량한 풍속 기타 사회질서에 위반한 사항을 **내용**으로 하는 법률행위는 무효로 한다. [2019]

01 어떠한 일이 있어도 이혼하지 아니하겠다는 각서를 써준 경우, 그와 같은 의사표시는 반사회질서의 법률행위가 **아니다**. (   )
2018, 2021

02 도박자금에 제공할 목적으로 금전의 대차를 한 때에는 그 대차계약은 반사회질서의 법률행위로 무효이다. (   )
2017, 2024

03 당사자의 일방이 상대방에게 공무원의 직무에 관한 사항에 관하여 특별한 청탁을 하게 하고 그에 대한 보수로 돈을 지급할 것을 내용으로 한 약정은 사회질서에 반하여 무효이다. (   )
2013

04 당초부터 오로지 보험사고를 가장하여 보험금을 취득할 목적으로 생명보험계약을 체결한 경우는 선량한 풍속 기타 사회질서에 반하는 법률행위에 해당한다. (   )
2023

05 다수의 보험계약을 통하여 보험금을 부정취득할 목적으로 체결된 보험계약은 그것만으로는 선량한 풍속 기타 사회질서에 반하지 **않는다**. (   )
2019, 2024

06 금전소비대차시 당사자 사이의 경제력 차이로 인하여 사회통념상 허용되는 한도를 초과하여 현저하게 고율의 이자약정이 체결되었다면, 그 허용할 수 있는 한도를 초과하는 부분의 이자약정은 반사회질서의 법률행위로서 무효이다. (　　) 2016

07 의무의 강제에 의하여 얻어지는 채권자의 이익에 비하여 약정된 위약벌이 과도하게 무거운 경우, 그 일부 또는 전부가 공서양속에 반하여 무효로 된다. (　　) 2016

08 형사사건에 대한 의뢰인과 변호사의 성공보수약정은 강행법규위반으로서 무효일 뿐 **반사회적 법률행위는 아니다.** (　　) 2020, 2021, 2023

09 형사사건에 관하여 체결된 성공보수약정은 약정액이 **통상적으로 용인될 수 있는 수준을 초과하여도 선량한 풍속 기타 사회질서에 위배되지 않는다.** (　　) 2017

10 수사기관에서 참고인으로 허위진술하는 대가로 돈을 받기로 한 약정은 반사회적 법률행위이다. (　　) 2020, 2021, 2022

11 소송에서 증언을 하여 줄 것을 주된 조건으로 통상적으로 용인될 수 있는 범위를 넘어선 급부를 제공할 것을 약정한 것은 반사회적 법률행위에 해당한다. (　　) 2013, 2017

12 증인이 증언을 조건으로 소송당사자로부터 통상 용인될 수 있는 수준을 넘는 대가를 받기로 약정하더라도, 증인에게 **증언거부권이 있다면 그 약정은 유효하다.** (　　) 2018

13 부동산의 제2매수인이 다른 사람에게 매매목적물이 이미 매도된 것을 알고 매수하였다면, 그것만으로 그 이중매매는 반사회적 법률행위로서 **무효가 된다.** (　　) 2013
∴ 제2매수인이 알고 적극가담한 경우만 무효

14 수증자가 매도인의 매수인에 대한 배임행위에 적극 가담하여 매매목적 부동산을 증여받은 경우는 선량한 풍속 기타 사회질서에 반하는 법률행위에 해당한다. (　　) 2023

15 아버지 소유의 부동산이 이미 제3자에게 매도되어 제3자로부터 등기독촉을 받고 있는 사정을 잘 알고 있는 아들이 그 아버지로부터 그 부동산을 증여받은 경우, 그 증여는 반사회적 법률행위이다. (　　) 2021

16 살인할 것을 조건으로 증여한 경우는 선량한 풍속 기타 사회질서에 반하는 법률행위에 해당한다. (　　) 2023

17 행정기관에 진정서를 제출하여 상대방을 궁지에 빠뜨린 다음 이를 취하하는 조건으로 거액의 급부를 제공받기로 한 약정은 **반사회질서의 법률행위에 해당하지 않는다.** (　　) 2024

18 성매매행위를 전제로 한 선불금의 대여행위는 **반사회질서의 법률행위에 해당하지 않는다.** (　　) 2024

19 부첩관계인 부부생활의 종료를 해제조건으로 하는 증여계약은 사회질서에 반하므로 무효이다.
( ) 2013, 2019

20 부첩관계를 청산하면서 희생의 배상 내지 장래 생활대책 마련의 의미로 금원을 지급하기로 한 약정은 공서양속에 반하지 않는다. ( ) 2016

21 표시되거나 상대방에게 알려진 법률행위의 동기가 반사회적인 경우 그 법률행위는 무효이다.
( ) 2013, 2018, 2020

22 양도소득세의 일부를 회피할 목적으로 매매계약서에 실제로 거래한 것보다 낮은 금액을 매매 대금으로 기재한 경우, 그것만으로는 그 매매계약이 사회질서에 반하지 않는다. ( ) 2019

23 반사회질서의 법률행위에 의하여 조성된 재산인 이른바 비자금을 소극적으로 은닉하기 위하여 임치한 행위는 반사회질서의 법률행위에 해당하지 않는다. ( ) 2024

24 강제집행을 면할 목적으로 부동산에 허위의 근저당권설정등기를 경료하는 행위는 **반사회질서의 법률행위에 해당한다.** ( ) 2016, 2018, 2022, 2023

25 법률행위의 성립과정에 강박이라는 불법적인 방법이 사용된 경우, 그것만으로는 반사회질서의 법률행위라고 할 수 없다. ( ) 2019

26 해외파견 근로자의 귀국 후 일정기간 소속회사에 근무토록 한 약정은 특별한 사정이 없는 한 반사회적 법률행위라고 할 수 없다. ( ) 2017, 2020

27 전통사찰의 주지직을 거액의 금품을 대가로 양도·양수하기로 하는 약정이 있음을 알고도 이를 묵인한 상태에서 한 종교법인의 주지 임명행위는 **반사회질서의 법률행위에 해당한다.**
( ) 2022

28 어느 법률행위가 선량한 풍속 기타 사회질서에 위반하는지는 특별한 사정이 없는 한 그 법률 행위 당시를 기준으로 판단한다. ( ) 2013, 2019, 2020

29 법률행위가 사회질서에 반하여 무효인 경우, 그 법률행위를 기초로 하여 권리를 취득한 선의의 제3자에게도 그 무효를 주장할 수 있다. ( ) 2018, 2019, 2021, 2024

30 반사회질서의 법률행위라도 당사자가 그 무효임을 알고 추인하면 **새로운 법률행위로서 유효 하다.** ( ) 2017, 2020

Answer

01 ×	02 ○	03 ○	04 ○	05 ×	06 ○	07 ○	08 ×	09 ×	10 ○
11 ○	12 ×	13 ×	14 ○	15 ○	16 ○	17 ×	18 ×	19 ○	20 ○
21 ○	22 ○	23 ○	24 ×	25 ○	26 ○	27 ×	28 ○	29 ○	30 ×

더 알아보기

✦ 반사회적 법률행위(제103조)

조문	제103조【반사회질서의 법률행위】 선량한 풍속 기타 사회질서에 위반한 사항을 내용으로 하는 법률행위는 무효로 한다.
반사회성	① 내용: 반사회성 ○ ② 내용: 반사회성 × 　ⅰ) 법률상 강제성 ⇒ 반사회성 ○ 　ⅱ) **조건** → 반사회성 ○ ⇒ 법률행위 전체의 반사회성 ○(제151조) 　ⅲ) 금가적 대가 결부 ⇒ 반사회성 ○ 　ⅳ) 동기의 불법 → 표시 or 상대방에게 알려진 경우 ⇒ 반사회성 ○
반사회성 인정	① 이중매매에서 제2매수인이 매도인의 배임행위에 '적극가담'하는 경우 ② 보험금을 편취하기 위한 생명보험계약 ③ 부첩관계의 종료를 해제조건으로 하는 증여계약(법률행위 자체가 무효) ➡ 제151조 ④ 어떤 일이 있어도 이혼하지 않겠다는 약정 ⑤ 상대방에게 표시된 동기가 반사회질서적인 법률행위 ⑥ 첩계약, 도박자금에 제공할 목적으로 금전의 대차계약
반사회성 부정	① 이른바 비자금을 소극적으로 은닉하기 위하여 임치계약 ② 양도소득세를 회피할 목적으로 실제로 거래한 매매대금보다 낮은 금액으로 매매계약을 체결한 행위 ③ 강제집행을 면할 목적으로 부동산에 허위의 근저당권을 설정하는 행위 ④ 성립 과정에서 강박이라는 불법적 방법이 사용된 데 불과한 법률행위 ⑤ 부첩관계를 청산하면서 희생의 배상 내지 장래 생활대책 마련의 의미로 금원을 지급하기로 한 약정
반사회성 판단 필요	① 소송상 증언 → 허위 증언 당연 무효 　　　　　　　　 → 사실 증언 통상 용인되는 범위 초과시 무효 ② 성공보수약정 → ① **비변호사**: 당연 무효 　　　　　　　 → ② **변호사**: → 형사사건: 당연 무효 　　　　　　　　　　　　　 → **민사사건: 유효** ③ 이중매매에서 제2매매 → 원칙: 유효(선의, 단순악의) 　　　　　　　　　　　 → 예외: 무효(배임행위에 적극가담)
효과	① **절대적 무효**: 선의 제3자에게도 주장 可 ② 무효행위의 추인 ×, 무효행위의 전환 × ③ 불법원인급여(제746조) 해당 → 부당이득반환청구 × 　　　　　　　　　　　　　　　 (물권적 청구권으로도 반환청구 ×) 　　　　　　　　　　　　 ∴ 어떠한 경우도 반환청구 인정 안 됨

제104조 【불공정한 법률행위】
당사자의 **궁박, 경솔 또는 무경험으로 인하여 현저하게 공정을 잃은 법률행위는 무효로 한다.** 2018

01 불공정한 법률행위가 성립하기 위하여는 궁박·경솔·무경험의 요건이 **모두 충족되어야 한다.**
( ) 2017, 2018, 2024

02 불공정한 법률행위에서 궁박이란 급박한 곤궁을 의미하는 것으로서 정신적 원인에 기인할 수도 있다. ( ) 2016

03 "궁박"은 "급박한 곤궁"을 의미하지만 이는 반드시 경제적 궁박으로 제한되지 않는다. ( ) 2014

04 궁박은 **경제적 원인에 기인하는 것을 말하며**, 심리적 원인에 기인할 수 **없다.** ( ) 2022, 2024

05 무경험은 어느 특정영역에 있어서의 경험부족이 아니라 거래일반에 대한 경험부족을 뜻한다.
( ) 2024

06 급부와 반대급부 사이의 현저한 불균형은 시가와의 차액 또는 시가와의 배율에 따라 **일률적으로 판단해야 한다.** ( ) 2018

07 급부와 반대급부 사이의 현저한 불균형을 판단함에 있어서 피해 당사자의 궁박, 경솔 또는 무경험의 정도는 **고려대상이 아니다.** ( ) 2019

08 급부와 반대급부 간에 현저한 불균형이 있으면 궁박·경솔 또는 무경험으로 인한 법률행위로 **추정된다.** ( ) 2014, 2015, 2018, 2019, 2022

09 대리행위의 경우에 경솔·무경험은 대리인을 기준으로 판단하고, 궁박 상태에 있었는지 여부는 본인을 기준으로 판단하여야 한다. ( ) 2015, 2022

10 피해 당사자가 궁박, 경솔 또는 무경험의 상태에 있었다면 상대방 당사자에게 그와 같은 사정을 알면서 이를 **이용하려는 의사가 없어도 불공정한 법률행위가 성립한다.** ( ) 2019

11 증여와 같이 아무런 대가 없이 의무자가 일방적으로 급부하는 법률행위는 그 공정성 여부를 논의할 수 있는 성질의 법률행위가 되지 아니한다. ( ) 2014

12 증여계약도 불공정한 법률행위가 될 수 **있다.** ( ) 2017, 2019

13 특별한 사정이 없는 한 경매에도 불공정한 법률행위에 관한 **민법 제104조가 적용된다.** ( )

2024

14 강제경매에서 시가보다 현저하게 낮게 매각된 경우에 불공정한 법률행위가 성립될 수 없다.

( ) 2015

15 불공정한 법률행위에 해당하는지 여부는 법률행위 당시를 기준으로 판단하여야 한다. ( )

2014, 2018

16 불공정한 법률행위에 해당하는지는 법률행위가 이루어진 시점을 기준으로 약속된 급부와 반대급부 사이의 객관적 가치를 비교 평가하여 판단하여야 한다. ( )

2024

17 계약이 불공정한 법률행위로서 무효인 경우 그 계약에 대한 부제소합의는 특별한 사정이 없는한 **유효하다.** ( )

2023

18 불공정한 법률행위에 해당하여 무효가 된 때에도 무효행위의 전환이 인정될 수 있다. ( )

2014, 2018, 2020, 2022, 2023

19 대물변제계약이 불공정한 법률행위로서 무효인 경우에도 목적부동산의 소유권을 이전받은 선의의 제3자에 대하여는 **무효를 주장할 수 없다.** ( )

2017

20 불공정한 법률행위는 원칙적으로 추인에 의해서 유효로 될 수 없다. ( )

2021, 2022

◆ **Answer**

01 × 02 ○ 03 ○ 04 × 05 ○ 06 × 07 × 08 × 09 ○ 10 ×
11 ○ 12 × 13 × 14 ○ 15 ○ 16 ○ 17 × 18 ○ 19 × 20 ○

더 알아보기

✦ 불공정한 법률행위(제104조)

조문	제104조【불공정한 법률행위】 당사자의 궁박, 경솔 또는 무경험으로 인하여 현저하게 공정을 잃은 법률행위는 무효로 한다.
법적 성질	제103조의 예시규정

성립
요건
	① 급부와 반대급부 간의 현저한 불균형: 증여(기부)행위, 경매 적용 × (공정성 문제 ×)
	② 당사자의 궁박, 경솔, 무경험
	  ⅰ) 모두 요구 × → 어느 하나만 갖추면 족함
	  ⅱ) 대리의 경우 ┬ 경솔, 무경험: 대리인 기준(제116조)
	       └ 궁박: 본인
	③ 상대방의 악의 要: 알고 이용해야 함

주장 증명	① 판단시기: 법률행위시 ② 무효 주장자: 성립요건 ①, ②, ③ 모두 입증 要 → ㉠ 현저한 불균형 존재 ⇒ ㉡ 당사자의 궁박, 경솔, 무경험으로 **추정** ×
효과	① 절대적 무효: 선의 제3자에게도 주장 可 ② 무효행위의 추인 × → 제139조 적용 × ③ 무효행위의 전환 ○ → 제138조 적용 ○ (제103조와 차이)

제105조【임의규정】
법률행위의 당사자가 법령 중의 선량한 풍속 기타 사회질서에 관계없는 규정과 다른 의사를 표시한 때에는 그 의사에 의한다.

01 강행규정을 위반한 법률행위는 당사자의 주장이 없더라도 법원이 직권으로 판단할 수 있다.
(   ) 2023

02 강행규정에 위반한 약정을 한 자가 스스로 그 약정의 무효를 주장하는 것은 특별한 사정이 없는 한 **신의성실 원칙에 반하여 허용될 수 없다.** (   )   2014, 2015, 2020, 2023

03 강행규정에 위반하여 무효인 계약의 상대방이 그 위반사실에 대하여 선의·무과실이더라도 표현대리의 법리가 적용될 여지는 없다. (   )   2017, 2018, 2020, 2021, 2023

04 강행규정을 위반하여 확정적 무효가 된 법률행위는 특별한 사정이 없는 한 당사자의 추인에 의해 유효로 할 수 없다. (   )   2019, 2023

05 법률의 금지에 위반되는 행위라도 그것이 선량한 풍속 기타 사회질서에 위반하지 않는 경우에는 민법 제746조가 규정하는 불법원인에 해당하지 않는다. (　　) 2023

06 관련 법령에서 정한 한도를 초과하는 부동산 중개수료 약정은 **전부 무효이다.** (　　) 2017
∴ 초과하는 범위 내에서 무효

07 부동산을 등기하지 않고 순차적으로 매도하는 중간생략등기합의는 **강행법규에 위반하여 무효이다.** (　　) 2020

08 개업공인중개사가 중개의뢰인과 직접 거래하는 행위를 금지하는 공인중개사법 규정은 강행규정이 아니라 단속규정이다. (　　) 2020

✦ **Answer**

01 ○　02 ×　03 ○　04 ○　05 ○　06 ×　07 ×　08 ○

제106조 【사실인 관습】
법령중의 선량한 풍속 기타 사회질서에 관계없는 규정과 다른 관습이 있는 경우에 당사자의 의사가 명확하지 아니한 때에는 그 관습에 의한다.

01 사실인 관습은 사회의 관행에 의하여 발생한 사회생활규범인 점에서 관습법과 같다. (　　) 2014

02 사실인 관습은 법원(法源)으로서 법령에 저촉되지 않는 한 **법칙으로서의 효력이 있다.** (　　) 2017, 2022

03 사실인 관습은 법령으로서의 효력이 없는 단순한 관행으로서 당사자의 의사를 보충하는 데 그친다. (　　) 2014, 2017, 2018

04 사실인 관습은 그 존재를 당사자가 주장·증명하여야 한다. (　　) 2017

✦ **Answer**

01 ○　02 ×　03 ○　04 ○

제2절 의사표시

제107조 【진의 아닌 의사표시】
① 의사표시는 표의자가 **진의 아님을 알고 한 것**이라도 그 효력이 있다. 그러나 **상대방**이 표의자의 진의 아님을 알았거나 **이를 알 수 있었을 경우**에는 **무효**로 한다.
② 전항의 의사표시의 무효는 **선의**의 제3자에게 대항하지 못한다.

01 진의란 표의자가 진정으로 **마음속에서 바라는 사항을 말하는 것**이지 특정한 내용의 의사표시를 하고자 하는 표의자의 생각을 뜻하는 것은 **아니다.** (   )   2013, 2020

02 표의자가 진정 마음에서 바라지는 아니하였더라도 당시의 상황에서는 최선이라고 판단하여 의사표시를 하였다면 비진의표시는 아니다. (   )   2020

03 표의자가 강박에 의하여 증여를 하기로 하고 그에 따른 증여의 의사표시를 하였더라도, 재산을 강제로 뺏긴다는 본심이 잠재되어 있다면 그 증여는 **비진의표시에 해당한다.** (   )   2020, 2024

04 학교법인이 사립학교법상의 제한규정 때문에 그 학교의 교직원들의 명의를 빌려서 금융기관으로부터 금원을 차용한 경우에 교직원들의 채무부담 의사표시는 민법상 비진의 의사표시로서 무효는 아니다. (   )   2024

05 표시가 진의와 다름을 표의자가 알고 있다는 점에서 착오와 구별된다. (   )   2013

06 진의 아닌 의사표시는 원칙적으로 표시된 대로 법적 효과가 발생한다. (   )   2013, 2022

07 진의 아닌 의사표시는 상대방이, 표의자의 진의 아님을 알았거나 알 수 있었을 경우에 그 효력이 **있다.** (   )   2015

08 진의 아닌 의사표시에서 상대방이 표의자의 진의 아님을 알았거나 알 수 있었을 경우, 표의자는 그 의사표시를 **취소**할 수 있다. (   )   2016

09 근로자가 사직서가 수리되지 않으리라고 믿고 제출한 사실을 상대방이 알고 있으면 그 사직서 제출행위는 무효로 된다. (   )   2013

10 무효인 진의 아닌 의사표시는 법률행위의 당사자 외에 선의의 제3자에 대하여도 무효를 주장할 수 **있다.** (   )   2019

11 공무원의 사직의 의사표시와 같은 **공법행위**에도 비진의표시에 관한 민법의 규정이 **적용된다.**

( ) 2020, 2024

12 대리권남용의 경우에도 유추적용될 수 있다. ( ) 2013

◆ Answer

01 × 02 ○ 03 × 04 ○ 05 ○ 06 ○ 07 × 08 × 09 ○ 10 ×
11 × 12 ○

제108조 【통정한 허위의 의사표시】
① 상대방과 **통정**한 허위의 의사표시는 무효로 한다.
② 전항의 의사표시의 무효는 선의의 제3자에게 대항하지 못한다.

01 의사표시의 진의와 표시의 불일치에 관하여 상대방과 사이에 합의가 있으면 통정허위표시가
성립한다. ( ) 2023

02 통정은 상대방과 짜고 함을 의미하지만, 이때 **표의자의 상대방이 단순히 진의와 다른 표시가
있다는 사실을 인식하면 충분하다.** ( ) 2014

03 허위표시로서 당사자 간에는 언제나 무효이다. ( ) 2013 변형

04 허위표시를 한 자는 그 의사표시가 무효라는 사실을 주장할 수 **없다.** ( ) 2018

05 통정허위표시에 따른 법률효과를 침해하는 것처럼 보이는 위법행위가 있는 경우에도 그에 따른
손해배상을 청구할 수 없다. ( ) 2023

06 통정허위표시로 무효인 경우 특별한 사정이 없는 한 각각 부당이득으로 반환청구할 수 있다.

( ) 2022 사례

07 통정허위표시는 무효이나, 그 무효로써 선의의 제3자에게 대항하지 못한다. ( ) 2016, 2019

08 선의의 제3자가 되기 위해서는 선의임에 **과실이 없어야 한다.** ( ) 2013, 2016

09 허위표시의 무효로서 대항할 수 없는 제3자의 범위는 허위표시를 기초로 새로운 법률상 이해
관계를 맺었는지에 따라 실질적으로 파악해야 한다. ( ) 2018

10 **허위표시의 당사자가 아닌 사람은** 허위표시의 무효로써 허위표시에 기초하여 새로운 법률상 이해관계를 가진 선의의 제3자에게 대항할 수 **있다.** (   )   2014

11 상대방과 허위표시로써 성립한 가장채권을 보유한 채권자에 대하여 파산이 선고된 경우 **파산 관재인은** 허위표시의 무효로부터 보호되는 **선의의 제3자가 될 수 없다.** (   )   2014, 2020

12 통정허위표시로 乙에 대하여 가장채권을 보유하고 있는 甲에게 파산이 선고된 경우 파산관재인 戊가 대출약정이 통정허위표시라는 사실을 알았다면 파산채권자 중 일부가 선의라도 乙은 戊에 대하여 **대출약정이 무효라고 대항할 수 있다.** (   )   2024

13 통정허위표시인 매매계약에 기하여 부동산 소유권을 취득한 양수인으로부터 그 부동산을 양수한 사람은 통정허위표시에 기하여 새롭게 이해관계를 맺은 제3자에 해당하지 **않는다.** (   ) 2020

14 통정허위표시인 저당권 설정행위로 취득된 저당권의 실행으로 그 목적인 부동산을 경매에서 매수한 사람은 통정허위표시에 기하여 새롭게 이해관계를 맺은 제3자에 해당하지 **않는다.** (   ) 2020

15 가장매매의 매수인으로부터 목적 부동산을 다시 매수하여 소유권이전등기를 마친 자는 허위 표시에 기초하여 새로운 법률상의 이해관계를 맺은 자(통정허위표시에서의 제3자)에 해당하지 **않는다.** (   )   2015

16 통정허위표시에 의한 매매의 매수인으로부터 매수목적물에 대하여 선의로 저당권을 설정받은 자는 선의의 제3자에 해당된다. (   )   2016

17 통정허위표시로 설정된 전세권에 대하여 선의로 저당권을 취득한 자는 선의의 제3자에 해당 된다. (   )   2015, 2016

18 가장매매에 의한 매수인으로부터 목적 부동산에 대한 소유권이전등기청구권 보전을 위한 가 등기를 마친 자는 허위표시에 기초하여 새로운 법률상의 이해관계를 맺은 자(통정허위표시에 서의 제3자)에 해당하지 **않는다.** (   )   2015, 2020, 2022

19 통정허위표시로 乙에 대하여 가장채권을 보유하고 있는 甲의 일반채권자 丁이 대출약정이 유 효하다고 믿고 가장채권을 가압류한 경우 위와 같이 믿은 것에 丁에게 과실이 있더라도 乙은 丁에게 대출약정이 무효라고 대항할 수 없다. (   )   2014, 2024

20 가장 근저당권설정계약이 유효하다고 믿고 그 피담보채권을 가압류한 자는 허위표시의 무효 로부터 보호되는 선의의 제3자에 해당한다. (   )   2023

21 허위의 선급금 반환채무 부담행위에 기하여 그 채무를 보증하고 이행까지 하여 구상권을 취득한 자는 통정허위표시를 기초로 새로운 법률상의 이해관계를 맺은 제3자이다. (   )   2022

22 채권의 가장양도에서 가장양수인에게 채무를 변제하지 않고 있었던 **채무자**는 허위표시에 기초하여 '새로운 법률상 이해관계를 맺은 자(통정허위표시에서의 제3자)'에 해당하지 않는다.

(   ) 2015, 2020

23 가장소비대차에 있어 대주의 **계약상의 지위를 이전받은 자**는 통정허위표시를 기초로 **새로운 법률상의 이해관계를 맺은 제3자이다.** (   )   2022, 2024

24 자신의 채권을 보전하기 위해 가장양도인의 가장양수인에 대한 권리를 행사하는 채권자는 허위표시를 기초로 **새로운 법률상의 이해관계를 맺은 제3자에 해당한다.** (   )   2023

25 제3자는 특별한 사정이 없는 한 선의로 추정할 것이므로, 제3자가 악의라는 사실에 관한 주장·입증책임은 그 허위표시의 무효를 주장하는 자에게 있다. (   )   2016

26 가장매도인이 가장매수인으로부터 부동산을 취득한 제3자에게 자신의 소유권을 주장하려면 특별한 사정이 없는 한, 가장매도인은 그 제3자의 악의를 증명하여야 한다. (   ) 2013, 2018

27 채무자의 법률행위가 통정허위표시에 해당되어 무효인 경우에는 채권자취소권의 대상이 되지 **않는다.** (   )   2015, 2023

◆ **Answer**

01 ○ 02 × 03 ○ 04 × 05 ○ 06 ○ 07 ○ 08 × 09 ○ 10 ×
11 × 12 × 13 × 14 × 15 ○ 16 ○ 17 ○ 18 × 19 ○ 20 ○
21 ○ 22 ○ 23 × 24 × 25 ○ 26 ○ 27 ×

제109조 【착오로 인한 의사표시】
① 의사표시는 법률행위의 내용의 **중요부분에 착오가 있는 때에는 취소할 수** 있다. 그러나 그 착오가 표의자의 중대한 과실로 인한 때에는 취소하지 못한다.
② 전항의 의사표시의 취소는 선의의 제3자에게 대항하지 못한다.

01 장래의 미필적 사실의 발생에 대한 기대나 예상이 빗나간 것에 불과한 것은 착오라고 할 수 없다. (   )   2017

02 1심 판결에서 패소한 자가 항소심 판결 선고 전에 패소를 예상하고 법률행위를 하였으나 이후 항소심에서 승소판결이 선고된 경우 **착오**를 이유로 그 법률행위를 **취소할 수 있다.** ( ) 2021

03 법률행위의 내용의 중요부분에 착오가 있으면 취소할 수 있는 것이 원칙이다. ( ) 2021

04 동기의 착오를 이유로 법률행위를 취소하기 위해서는 당사자 사이에 그 동기를 의사표시의 내용으로 삼기로 하는 별도의 **합의가 있어야 한다.** ( ) 2013, 2020

05 의사표시의 동기에 착오가 있더라도 당사자 사이에서 그 동기를 의사표시의 내용으로 삼은 경우에는 의사표시의 내용의 착오가 되어 취소할 수 있다. ( ) 2017

06 동기의 착오가 상대방에 의하여 유발된 경우에는 동기의 표시 여부와 관계없이 취소가 인정된다. ( ) 2013

07 법률행위의 중요부분의 착오는 착오가 없었더라면 표의자뿐만 아니라 일반인도 표의자의 처지에서 그러한 의사표시를 하지 않았을 것이라고 생각될 정도로 중요한 것이어야 한다. ( ) 2014, 2020

08 근저당권설정계약에서 채무자의 동일성에 관한 착오는 법률행위 내용의 중요부분에 관한 착오에 해당한다. ( ) 2017

09 부동산 매매에서 시가에 관한 착오는 특별한 사정이 없는 한 법률행위의 중요부분에 관한 착오라고 할 수 없다. ( ) 2015

10 착오로 인하여 표의자가 경제적 불이익을 입은 것이 아니라면, 이는 법률행위 내용의 중요부분의 착오가 아니다. ( ) 2013, 2014, 2019, 2023

11 등기명의자가 소유권이전등기의 무효를 주장한 종전 소유자의 공동상속인 중 1인을 단독상속인으로 오인하여 소유권 환원에 관하여 합의한 경우, 이는 **중요부분의 착오이다.** ( ) 2014

12 착오를 이유로 취소할 수 없는 중대한 과실은 표의자의 직업 등에 비추어 보통 요구되는 주의를 현저히 결여한 것을 의미한다. ( ) 2020

13 착오한 표의자의 중대한 과실 유무에 관한 증명책임은 의사표시를 취소하게 하지 않으려는 상대방에게 있다. ( ) 2013, 2017, 2021, 2023

14 의사표시의 착오가 표의자의 중대한 과실로 인한 때에는 상대방이 표의자의 착오를 알고 이용한 경우에도 표의자는 그 의사표시를 취소할 수 **없다.** ( ) 2019, 2021, 2024

15 상대방의 기망으로 표시상의 착오에 빠진 자의 행위에 대하여 착오취소의 법리가 적용된다.
( ) 2020

16 표의자가 경과실로 인하여 착오에 빠져 법률행위를 하고 그 착오를 이유로 법률행위를 취소하는 것은 위법하다고 할 수 없다. ( ) 2019

17 착오자의 착오로 인한 취소로 상대방이 손해를 입게 되더라도, 착오자는 불법행위로 인한 손해배상책임을 부담하지 않는다. ( ) 2021, 2024

18 당사자는 합의를 통하여 착오로 인한 의사표시 취소에 관한 민법 제109조 제1항의 적용을 배제할 수 있다. ( ) 2017, 2019, 2024

19 매도인이 매수인의 채무불이행을 이유로 매매계약을 적법하게 해제한 후라도 매수인은 착오를 이유로 취소권을 행사할 수 있다. ( ) 2013, 2014, 2018, 2020, 2023, 2024

20 매도인의 하자담보책임이 성립하는 경우 매매계약 내용의 중요 부분에 착오가 있더라도 매수인은 착오를 이유로 매매계약을 취소할 수 **없다.** ( ) 2024

21 착오에 의한 의사표시의 취소는 선의의 제3자에게 대항할 수 **있다.** ( ) 2015

◆ **Answer**

01 ○	02 ×	03 ○	04 ×	05 ○	06 ○	07 ○	08 ○	09 ○	10 ○
11 ×	12 ○	13 ○	14 ×	15 ○	16 ○	17 ○	18 ○	19 ○	20 ×
21 ×									

✅ **동기의 불법과 동기의 착오 비교**

ㅣ **동기의 불법**
- 원칙: 계약 내용의 불법 × → 제103조에 포함 ×
- 예외: 표시 or 상대방에게 알려진 경우 → 제103조에 포함 ○

ㅣ **동기의 착오**
- 원칙: 제109조의 착오에 해당 ×
- 예외: ① 상대방에게 표시 & 해석상 법률행위의 내용으로 된 경우 ○ (합의 ×)
       ② 유발된 동기의 착오 ○ (상대방에게서 표시여부 불문)

제110조【사기, 강박에 의한 의사표시】
① 사기나 강박에 의한 의사표시는 취소할 수 있다.
② 상대방 있는 의사표시에 관하여 **제3자가 사기나 강박을 행한 경우에는 상대방이 그 사실을 알았거나 알 수 있었을 경우에 한하여 그 의사표시를 취소할 수 있다.**
③ 전2항의 의사표시의 취소는 선의의 제3자에게 대항하지 못한다.

01 광고에 있어 다소의 과장은 일반 상거래의 관행과 신의칙에 비추어 시인될 수 있는 한 기망성이 결여된다. (   ) 2022, 2024

02 부작위에 의한 기망행위도 인정될 수 있다. (   ) 2019

03 신의성실의 원칙상 고지의무가 있는 자가 소극적으로 진실을 숨기는 것은 기망행위에 해당한다. (   ) 2017

04 신의칙상 고지의무를 부담하는 자는 고지의무의 대상이 되는 사실을 이미 알고 있는 자에 대해서도 그 사실을 **고지하여야 한다.** (   ) 2024

05 부작위에 의한 기망행위에서 고지의무는 조리상 일반원칙에 의해서는 인정될 수 **없다.** (   ) 2022

06 부동산 거래에 있어 만일 아파트 단지 인근에 쓰레기 매립장이 건설예정인 사실을 알고 있는 상대방이 이를 고지하지 않았다면 이는 부작위에 의한 기망행위가 된다. (   ) 2015

07 교환계약의 당사자가 자기 소유의 목적물의 시가를 묵비하는 것은 특별한 사정이 없는 한 기망행위가 되지 않는다. (   ) 2023

08 상대방이 기망하였으나 표의자가 기망되지 않고 의사표시를 하였다면 기망을 이유로 그 의사표시를 취소할 수 없다 (   ) 2021

09 제3자가 행한 사기로 계약을 체결한 경우 상대방이 그 사실을 알았거나 알 수 있었을 경우에 한하여 그 계약을 취소할 수 있다. (   ) 2017, 2018 사례, 2021

10 상대방의 대리인이 사기를 행하여 계약을 체결한 경우 그 대리인은 '제3자에 의한 사기'에서의 '제3자'에 해당되지 않는다. (   ) 2021, 2023

11 상대방이 사용자책임을 져야 할 관계에 있는 피용자가 사기를 행하여 계약을 체결한 경우 그 피용자는 '제3자에 의한 사기'에서의 '제3자'에 해당한다. (   ) 2021

12 '제3자에 의한 사기'로 계약을 체결한 피기망자는 그 계약을 취소하지 않은 상태에서 그 제3자에 대하여 불법행위로 인한 손해배상청구를 할 수 **없다**. ( )   2017, 2018 사례, 2019, 2021, 2023, 2024

13 기망행위로 인하여 법률행위의 내용으로 표시되지 않은 동기에 관하여 착오를 일으킨 경우에도 그 법률행위를 사기에 의한 의사표시를 이유로 취소할 수 있다. ( )   2022, 2023

14 사기에 의한 의사표시가 인정되기 위해서는 의사표시자에게 재산상의 손실을 주려는 사기자의 고의는 필요하지 않다. ( )   2022

15 사기에 의한 의사표시의 취소는 선의의 제3자에게 대항하지 못한다. ( )   2018 사례, 2022

16 사기의 의사표시로 인해 부동산의 소유권을 취득한 자로부터 그 부동산의 소유권을 새로이 취득한 제3자는 특별한 사정이 없는 한 선의로 추정된다. ( )   2023

17 강박에 의한 의사표시라고 하려면 상대방이 불법으로 어떤 해악을 고지함으로 인하여 공포를 느끼고 의사표시를 하는 것이어야 한다. ( )   2017

18 소송행위가 강박에 의하여 이루어진 경우 특별한 사정이 없는 한 강박을 이유로 소송행위를 취소할 수 **있다**. ( )   2024

19 강박에 의한 의사표시에 대한 취소권의 행사기간은 **소멸시효기간이다**. ( )   2024

20 부정행위에 대한 고소, 고발은 부정한 이익의 취득을 목적으로 하는 경우에도 위법한 강박행위가 될 수 **없다**. ( )   2019

21 강박이 의사결정의 자유를 완전히 박탈하는 정도에 이르지 않고 이를 제한하는 정도에 그친 경우에 그 의사표시는 **무효**이다. ( )   2015

22 강박에 의하여 의사결정을 스스로 할 수 있는 여지가 완전히 박탈된 상태에서 이루어진 법률행위는 무효이다. ( )   2017

23 상대방 있는 의사표시에 관하여 제3자가 강박을 행한 경우, 상대방이 그 사실을 **알았던 경우에 한하여** 그 의사표시를 취소할 수 있다. ( )   2016

◆ Answer

01 ○ 02 ○ 03 ○ 04 × 05 × 06 ○ 07 ○ 08 ○ 09 ○ 10 ○
11 ○ 12 × 13 ○ 14 ○ 15 ○ 16 ○ 17 ○ 18 × 19 × 20 ×
21 × 22 ○ 23 ×

제111조 【의사표시의 효력발생시기】

① 상대방이 있는 의사표시는 상대방에게 **도달한 때**에 그 효력이 생긴다. 2020

② 의사표시자가 그 통지를 발송한 후 사망하거나 제한능력자가 되어도 의사표시의 효력에 영향을 미치지 아니한다.

01 상대방 있는 의사표시는 상대방에게 도달한 때에 효력이 생기는 것이 원칙이다. (　　)

2014, 2018, 2019 사례, 2022

02 甲은 등기우편이 乙에게 도달하기 전에 자신의 청약을 철회할 수 있다. (　　)　　2019

03 표의자는 그의 의사표시가 상대방에게 도달하였으나 상대방이 이행에 착수하기 전에는 그 의사표시를 철회할 수 **있다**. (　　)

2014

04 의사표시의 도달로 인정되려면 사회통념상 상대방이 그 통지를 **현실적으로 수령하여 그 내용을 알아야 한다**. (　　)

2018, 2019 사례

05 상대방이 있는 의사표시는 상대방이 **요지(了知)한 때**에 그 효력이 생긴다. (　　)　　2016

06 상대방이 정당한 사유 없이 의사표시의 수령을 거절한 경우에는 그 의사표시는 상대방이 그 내용을 알 수 있는 객관적 상태에 놓여 있는 때에 효력이 생긴다. (　　)　　2014

07 의사표시의 부도달에 대한 위험은 표의자에게 있다. (　　)　　2014

08 甲의 등기우편은 반송되는 등 특별한 사정이 없는 한 乙에게 배달된 것으로 인정하여야 한다.

(　　) 2019

09 의사표시가 기재된 내용증명 우편물이 발송되고 반송되지 아니하면 특별한 사정이 없는 한, 그 무렵에 송달되었다고 볼 수 있다. (　　)

2018

10 의사표시자가 그 통지를 발송한 후 사망하여도 의사표시의 효력에 영향을 미치지 아니한다.

(　　) 2016, 2022

11 의사표시자가 통지를 발송한 후 제한능력자가 되어도 그 의사표시의 효력에 영향을 미치지 아니한다. (　　)

2018, 2019 사례

→ **Answer**

01 ○　02 ○　03 ×　04 ×　05 ×　06 ○　07 ○　08 ○　09 ○　10 ○
11 ○

민법상 도달주의 예외 (발신주의)	• 제한능력자의 상대방의 **최고**에 대한 **확답**(제15조) • 무권대리인의 상대방의 **최고**에 대한 **확답**(제131조) • 채무인수의 승낙여부 최고에 대한 채권자 확답(제455조 제2항) • 격지자간 계약성립시기에 있어 청약에 대한 승낙(제531조) • **사원총회의 소집통지**(제71조) 등

제112조 【제한능력자에 대한 의사표시의 효력】

의사표시의 상대방이 의사표시를 받은 때에 제한능력자인 경우에는 의사표시자는 그 의사표시로써 대항할 수 없다. 다만, 그 상대방의 법정대리인이 의사표시가 도달한 사실을 안 후에는 그러하지 아니하다.

01 의사표시의 상대방이 의사표시를 받은 때에 제한능력자인 경우 특별한 사정이 없는 한 의사표시자는 그 의사표시로써 대항할 수 없다. (   ) 2022

02 제한능력자에게 의사를 표시한 사람은 제한능력자의 법정대리인이 의사표시가 도달한 사실을 안 후에는 그 의사표시로써 제한능력자에게 대항할 수 있다. (   ) 2014, 2018

03 행위능력을 갖춘 미성년자에게는 특별한 사정이 없는 한 의사표시의 수령능력이 인정된다.
(   ) 2022

Answer

01 ○ **02** ○ **03** ○

제113조 【의사표시의 공시송달】

표의자가 **과실 없이** 상대방을 알지 못하거나 상대방의 소재를 알지 못하는 경우에는 의사표시는 민사소송법 공시송달의 규정에 의하여 송달할 수 있다. 2017

01 표의자가 과실 없이 상대방을 알지 못하는 경우 민사소송법 공시송달의 규정에 의하여 의사표시를 송달할 수 있다. (   ) 2022

02 표의자가 **과실로** 상대방의 소재를 알지 못하는 경우, 의사표시는 민사소송법 공시송달의 규정에 의하여 송달할 수 있다. (   ) 2016

Answer

01 ○ **02** ×

제3절 대리

1. 법률행위의 요건

분류	성립요건	효력요건
일반적 요건	• 당사자 • 목적 • 의사표시	• 권리능력, 의사능력, 행위능력 有 • 확정가능성, 실현가능성, 적법성, 사회적 타당성 有 • 의사와 표시의 일치, 의사표시에 하자가 無
특별 요건	• 요물계약: 물건의 인도 • 계약: 의사표시의 합치	• 대리행위에서 대리권의 존재 • 조건부, 기한부 법률행위에서 조건의 성취, 기한의 도래 • 토지거래허가구역 내의 토지거래계약에 관한 관할관청의 허가

2. 임의대리와 법정대리 비교

구분	임의대리	법정대리
발생원인	본인의 수권행위	• 법률의 규정 • 법원의 선임
권한범위	① 수권행위로 결정 ② 보충적으로 제118조 적용 　수권 無 ┬ 보존행위 ○ 　　　　　예 미등기부동산의 보존등기 　　　　　└ 이용 또는 개량 행위 ○	법률 규정으로 결정
권한의 제한	공동대리(각자대리원칙에 대한 제한) 자기계약·쌍방대리(제124조) ┬ 원칙: 금지 　　　　　　　　　　　　　└ 예외: ① 본인의 허락, ② 채무의 이행	
권한소멸	공통소멸사유: 본인의 사망, 대리인의 사망, 성년후견의 개시, 파산(제127조)	
권한소멸	임의대리의 특유한 소멸사유 ① 원인된 법률관계의 종료 ② 수권행위의 철회	개별규정이 있음 (제22조 2항, 제23조, 제924조)
현명요부	○	
대리행위의 하자	대리인 기준	
대리인의 행위능력	행위능력 불필요(제117조)	명문의 규정에 의해 필요한 경우가 많다.
복대리	① 원칙: 복임권 없음 　예외: 본인의 승낙, 부득이한 사유 있는 때만 　　　　복임권 있음(제120조) ② ┬ 임의대리인이 복대리인 선임시 　│ 선임·감독의 책임을 짐(제121조) 　└ 본인이 지명한 경우 부적임 또는 불성실함을 　　알고 통지나 그 해임을 해태한 때에만 책임	① 원칙적으로 언제든지 복임권 있음(제122조) ② 원칙: 복대리인의 모든 행위에 관하여 책임 　을 짐(제122조) 　예외: 부득이한 사유로 선임시 선임·감독의 　　　　책임을 짐
표현대리 인정여부	• 제125조 적용 ○ • 제126조 적용 ○ • 제129조 적용 ○	• 제125조 적용 × • 제126조 적용 ○ • 제129조 적용 ○

제5장

제114조 【대리행위의 효력】

① 대리인이 **그 권한 내**에서 본인을 위한 것임을 표시한 의사표시는 직접 본인에게 대하여 효력이 생긴다. 2017

② 전항의 규정은 대리인에게 대한 제3자의 의사표시에 준용한다.

01 유언은 대리가 허용되지 않는다. (   ) 2019

02 임의대리권의 범위는 원칙적으로 수권행위에 의하여 정해진다. (   ) 2022

03 수권행위는 묵시적인 의사표시로 할 수 있다. (   ) 2021

04 사실상의 용태에 의하여 대리권의 수여가 추단될 수 있다. (   ) 2022

05 매도인으로부터 매매계약체결에 대한 대리권을 수여받은 자는 특별한 사정이 없는 한 그 매매계약에 따른 중도금을 수령할 권한이 있다. (   ) 2014, 2020, 2022

06 매도인으로부터 매매계약의 체결과 이행에 대해 포괄적인 대리권을 수여받은 자는 특별한 사정이 없는 한 약정된 매매대금의 지급기일을 연기해 줄 권한이 **없다.** (   ) 2014, 2022

07 부동산을 매수할 권한을 수여받은 자는 원칙적으로 그 부동산을 처분할 권한이 없다. (   ) 2022

08 대여금의 영수권한만을 위임받은 대리인은 그 대여금 채무의 일부를 면제하기 위하여는 특별수권이 필요하다. (   ) 2014

09 특별한 사정이 없으면, 예금계약의 체결을 위임받은 자의 대리권에는 그 예금을 담보로 하여 대출을 받거나 이를 처분할 수 있는 권한이 포함되지 않는다. (   ) 2014, 2017

10 본인을 위하여 금전소비대차와 그 담보를 위한 담보권설정계약을 체결할 권한을 수여받은 대리인은 특별한 사정이 없으면, 금전소비대차계약과 담보권설정계약이 체결된 후에 이를 **해제할 권한을 갖는다.** (   ) 2014, 2015

11 대리권은 그 권한에 부수하여 필요한 한도에서 상대방의 의사표시를 수령하는 수령 대리권을 포함하는 것이 원칙이다. (   ) 2021, 2022

12 대리에 있어 본인을 위한 것임을 표시하는 현명은 묵시적으로 할 수는 **없다.** (   ) 2019

13 매매위임장을 제시하고 매매계약을 체결하면서 계약서에 대리인의 성명만 기재하는 경우, 특단의 사정이 없는 한 그 계약은 본인에게 효력이 **없다.** (　　) 2021

14 하나의 물건에 대해 본인과 대리인이 각각 계약을 체결한 경우, **대리인이 체결한 계약은 무효이다.** (　　) 2021

15 甲이 乙을 대리하여 丙과 X에 관한 매매계약을 체결한 경우, 丙의 채무불이행이 있는 경우 甲은 특별한 사정이 없는 한 채무불이행을 이유로 한 계약해제권을 가지지 않는다. (　　) 2024

16 미성년자 甲의 법정대리인 乙이 제3자 丙의 이익만을 위한 대리행위를 하고 그 사정을 상대방 丁이 알고 있었다면, 그 대리행위는 甲에게 효과가 없다. (　　) 2021

◆ **Answer**

01 ○　02 ○　03 ○　04 ○　05 ○　06 ×　07 ○　08 ○　09 ○　10 ×
11 ○　12 ×　13 ×　14 ×　15 ○　16 ○

제115조【본인을 위한 것임을 표시하지 아니한 행위】
대리인이 본인을 위한 것임을 표시하지 아니한 때에는 그 의사표시는 자기를 위한 것으로 **본다.** 그러나 상대방이 대리인으로서 한 것임을 알았거나 알 수 있었을 때에는 전조 제1항의 규정을 준용한다.

제116조【대리행위의 하자】
① 의사표시의 효력이 의사의 흠결, 사기, 강박 또는 어느 사정을 알았거나 과실로 알지 못한 것으로 인하여 영향을 받은 경우에 그 사실의 유무는 **대리인을 표준하여 결정**한다.
② 특정한 법률행위를 위임한 경우에 대리인이 본인의 지시에 좇아 그 행위를 한 때에는 본인은 자기가 안 사정 또는 과실로 인하여 알지 못한 사정에 관하여 대리인의 부지를 주장하지 못한다.

01 대리에 의한 의사표시의 효력이 의사의 흠결로 영향을 받을 경우에는 그 사실 유무는 대리인을 기준으로 정한다. (　　) 2013

02 대리인이 그 권한 안에서 본인의 이름으로 의사표시를 함에 있어서 상대방과 통정하여 진의와 다른 의사를 표시한 경우, 그 의사표시는 **본인에게 효력이 생긴다.** (　　) 2014

03 대리인에 의한 계약체결의 경우 특별한 사정이 없는 한 착오의 유무는 대리인을 표준으로 판단하여야 한다. (　　) 2017, 2023

04 甲이 乙을 대리하여 丙과 X에 관한 매매계약을 체결한 경우, 매매계약 내용의 중요부분에 관하여 乙의 착오가 있는 경우 **甲에게는 착오가 없더라도 乙은** 자신의 착오를 이유로 매매계약을 **취소할 수 있다.** (   )
2024

05 甲이 乙을 대리하여 丙과 X에 관한 매매계약을 체결한 경우, 甲의 사기로 丙이 매도의 의사표시를 한 경우 乙이 그 사실을 몰랐더라도 丙은 사기를 이유로 그 의사표시를 취소할 수 있다.
(   ) 2024

06 甲이 乙을 대리하여 丙과 X에 관한 매매계약을 체결한 경우, 丙이 이중매매를 하였고 위 매매계약이 제2매인 경우에 甲이 丙의 배임행위에 적극 가담하였다면 乙이 그 사정을 몰랐더라도 매매계약은 무효이다. (   )
2024

07 甲은 乙에게 매매계약체결의 대리권을 수여하였고, 乙은 甲을 대리하여 丙 소유의 토지에 관하여 丙과 매매계약을 체결하였다. 乙이 위 토지에 대한 丙의 선행 매매사실을 알면서도 丙의 배임적 이중매매행위에 적극 가담하여 위 계약을 체결하였으나 이러한 사실을 甲이 알지 못한 경우, 그 계약의 효력이 **甲에게 미친다.** (   )
2018, 2024

08 甲이 乙을 대리하여 丙과 X에 관한 매매계약을 체결한 경우, 매매계약이 乙에게 불공정한 법률행위에 해당하는지 판단할 때 경솔, 무경험은 乙이 아닌 甲을 기준으로 판단한다. (   )
2024

09 특정한 법률행위를 위임한 경우에 대리인이 본인의 지시에 좇아 그 행위를 한 때에는 본인은 자기가 안 사정에 관하여 대리인의 부지(不知)를 **주장할 수 있다.** (   )
2021

◆ **Answer**

01 ○　**02** ×　**03** ○　**04** ×　**05** ○　**06** ○　**07** ×　**08** ○　**09** ×

제117조【대리인의 행위능력】
대리인은 행위능력자임을 요하지 아니한다. ^{2019, 2022}

01 대리인은 **행위능력자이어야 한다.** (   )
2017

02 피성년후견인도 의사능력이 있으면 유효하게 임의대리행위를 할 수 있다. (   )
2024

03 만 18세의 甲이 타인의 대리인으로 체결하는 부동산 매매계약은 법정대리인의 동의 없이 단독으로 할 수 있는 행위가 **아니다.** (   )
2013

04 甲이 피한정후견인 乙에게 대리권을 수여하여 乙은 甲을 대리하여 丙 소유의 토지에 관하여 丙과 매매계약을 체결된 경우, 그 계약의 효력이 甲에게 미친다. (　　) 2017, 2018

05 본인은 임의대리인이 제한능력자라는 이유로 대리행위를 취소할 수 **있다.** (　　) 2015 사례, 2021

━━━━━━━━━━━━━━━━ **Answer**

01 × 　02 ○ 　03 × 　04 ○ 　05 ×

제118조【대리권의 범위】
권한을 정하지 아니한 대리인은 다음 각 호의 행위만을 할 수 있다.
　1. 보존행위
　2. 대리의 목적인 물건이나 권리의 성질을 변하지 아니하는 범위에서 그 이용 또는 개량하는 행위

01 수권행위에서 권한을 정하지 아니한 대리인은 **보존행위만을 할 수 있다.** (　　) 2022

02 임의대리인의 대리권의 범위를 정하지 아니한 경우, 대리인은 보존행위뿐만 아니라 **처분행위도** 할 수 있다. (　　) 2016

03 권한의 범위가 정해지지 않은 임의대리인은 **부패하기 쉬운 농산물을 처분할 수 없다.** (　　) 2017

04 대리권의 범위가 불분명한 대리인은 소멸시효의 중단과 같은 보존행위는 할 수 있지만 금전을 이자부로 대여하는 **이용행위는 할 수 없다.** (　　) 2013

05 권한을 정하지 아니한 대리인은 대리의 목적물에 대해 **모든** 개량행위를 할 수 있다. (　　) 2021

06 대리권의 범위를 정하지 않은 임의대리인은 대리의 목적인 물건의 성질이 변하지 않는 범위에서 그 이용행위를 할 수 있다. (　　) 2018

━━━━━━━━━━━━━━━━ **Answer**

01 × 　02 × 　03 × 　04 × 　05 × 　06 ○

제119조【각자대리】
대리인이 수인인 때에는 각자가 본인을 대리한다. 그러나 법률 또는 수권행위에 다른 정한 바가 있는 때에는 그러하지 아니하다.

01 대리인이 수인인 때에는 원칙적으로 각자가 본인을 대리한다. (   ) 　　　2013, 2019, 2021

02 甲이 수권행위를 통하여 乙과 丁이 공동으로 대리하도록 정하였음에도 乙이 단독의 의사결정으로 甲을 대리하여 丙 소유의 토지에 관하여 丙과 매매계약을 체결한 경우, 그 계약의 효력이 **甲에게 미친다.** (   ) 　　　2018

--◆ **Answer**
01 ○ **02** ×

제120조【임의대리인의 복임권】
대리권이 법률행위에 의하여 부여된 경우에는 대리인은 본인의 **승낙이 있거나 부득이한 사유가 있는** 때가 아니면 복대리인을 선임하지 못한다.

01 임의대리인은 **언제나 자신의 이름으로** 본인의 대리인을 **선임할 수 있는 권한을 가진다.** (   ) 　　　2013

02 임의대리인은 **본인의 승낙이 있는 때에 한하여** 복임권을 갖는다. (   ) 　　　2023

--◆ **Answer**
01 × **02** ×

제121조【임의대리인의 복대리인선임의 책임】

① 전조의 규정에 의하여 대리인이 복대리인을 선임한 때에는 본인에게 대하여 그 선임감독에 관한 책임이 있다.

② 대리인이 본인의 지명에 의하여 복대리인을 선임한 경우에는 그 부적임 또는 불성실함을 알고 본인에게 대한 통지나 그 해임을 태만한 때가 아니면 책임이 없다.

01 임의대리인이 본인의 승낙을 얻어 복대리인을 선임한 경우, 본인에 대하여 **그 선임감독에 관한 책임이 없다.** ( )

2019

02 복대리인 丙이 본인 甲의 지명에 의해 선임된 경우에는 임의대리인 乙은 丙이 부적임자임을 알고 甲에게 통지하지 않았더라도 **선임감독의 책임을 지지 않는다.** ( )

2013, 2018

┈┈┈┈ Answer
01 × 02 ×

제 5 편

제122조【법정대리인의 복임권과 그 책임】

법정대리인은 **그 책임**으로 복대리인을 **선임할 수 있다.** 그러나 부득이한 사유로 인한 때에는 전조 제1항에 정한 책임만이 있다.

01 법정대리인은 언제나 복임권이 있다. ( )

2023

02 미성년자 甲의 법정대리인 乙은 항상 복임권이 있다. ( )

2019, 2021

03 법정대리인이 복대리인을 선임하는 경우 본인의 승낙이 있거나 부득이한 사유가 없으면 **복대리인을 선임하지 못한다.** ( )

2018

04 법정대리인이 부득이한 사유로 복대리인을 선임한 경우, 본인에 대하여 복대리인의 선임・감독에 관한 책임이 있다. ( )

2015, 2018, 2021

┈┈┈┈┈┈┈┈┈┈┈┈ Answer
01 ○ 02 ○ 03 × 04 ○

제123조 【복대리인의 권한】
① 복대리인은 그 권한 내에서 **본인을 대리**한다.
② 복대리인은 본인이나 제3자에 대하여 대리인과 동일한 권리의무가 있다. ^{2015, 2016}

01 복대리인은 그 권한 내에서 **대리인을** 대리한다. ( )　　　　2016, 2017, 2019, 2023

02 복대리인은 본인의 대리인이다. ( )　　　　2015, 2022

03 복대리인의 대리권은 대리인의 대리권의 범위를 넘지 못한다. ( )　　　　2019

04 본인과 복대리인 사이에는 **아무런 권리·의무관계가 없다.** ( )　　　　2013

05 복대리에서도 표현대리가 성립할 수 있다. ( )　　　　2021

06 복대리인의 대리행위가 권한을 넘은 표현대리에 해당하면 본인은 그 상대방에 대하여 본인으로서 책임을 져야 한다. ( )　　　　2013

Answer

01 × **02** ○ **03** ○ **04** × **05** ○ **06** ○

더 알아보기

✦ 복대리

의의	대리인 자신의 이름으로 선임한 본인의 대리인
복임권	① 임의대리인 ┬ 원칙: 없음 　　　　　　└ 예외: 본인의 승낙, 부득이한 사유 있는 때만 있음(제120조) 　　　　　　　　├ 임의대리인 선임: 선임·감독의 책임(제121조) 　　　　　　　　└ 본인이 지명: 부적임·불성실함을 알고 통지나 그 해임을 해태 때에만 ② 법정대리인: 언제든지 복임권 있음(제122조) 　　　　　　├ 원칙: 복대리인의 모든 행위에 관하여 책임(제122조) 　　　　　　└ 예외: 부득이한 사유 − 선임·감독의 책임(경감)
소멸	① 대리인으로서의 권한소멸 사유로 소멸 ② 대리인의 대리권 소멸시에도 소멸
표현대리	복대리인 → 무권대리 ○ → 제125조, 제126조, 제129조 ○

제124조 【자기계약, 쌍방대리】

대리인은 **본인의 허락**이 없으면 본인을 위하여 자기와 법률행위를 하거나 동일한 법률행위에 관하여 당사자쌍방을 대리하지 못한다. 그러나 **채무의 이행**은 할 수 있다.

01 부동산 입찰절차에서 동일물건에 관하여 이해관계가 다른 2인 이상의 대리인이 된 경우에는 그 대리인이 한 입찰은 무효이다. ( ) 2017

02 본인이 대리인에게 자기계약을 허락한 경우에는 그 대리행위는 유효하다. ( ) 2013

03 대리인은 **본인의 허락**이 있어도 부동산 매매에 관하여 **자기계약을 체결하지 못한다.** ( ) 2016

04 채무의 이행의 경우 본인의 허락이 없어도 쌍방대리는 유효하다. ( ) 2021

Answer

01 ○ 02 ○ 03 ✕ 04 ○

제125조 【대리권수여의 표시에 의한 표현대리】

제3자에 대하여 타인에게 **대리권을 수여함을 표시한** 자는 그 대리권의 범위 내에서 행한 그 타인과 그 제3자간의 법률행위에 대하여 책임이 있다. 그러나 제3자가 대리권 없음을 알았거나 알 수 있었을 때에는 그러하지 아니하다.

01 표현대리가 성립하여 대리행위의 효과가 본인에게 귀속되면 표현대리의 성질이 **유권대리로 전환된다.** ( ) 2015, 2018

02 유권대리에 관한 주장 속에는 무권대리에 속하는 표현대리의 주장이 포함되어 있다고 볼 수 없다. ( ) 2013, 2015, 2016, 2017, 2018, 2021

03 대리권수여의 표시에 의한 표현대리는 본인과 대리행위를 한 사람 사이의 기본적인 법률관계의 성질이나 그 효력의 유무와는 관계없이, 어떤 자가 본인을 대리하여 제3자와 법률행위를 함에 있어 본인이 그 사람에게 대리권을 수여하였다는 표시를 제3자에게 한 경우에 성립한다.

( ) 2014

04 대리권을 추단할 수 있는 직함이나 명칭 등의 사용을 본인이 승낙 또는 묵인하였더라도 대리권 수여의 표시가 있은 것으로 볼 수 **없다.** ( ) 2015, 2020

제5장

05 대리권수여의 표시에 의한 표현대리가 성립하려면 대리권 없음에 대하여 상대방이 선의이고 무과실이어야 한다. (   )   2017

06 표현대리가 성립하면 본인은 표현대리행위에 대하여 전적으로 책임을 져야 하고, 과실상계의 법리를 유추적용하여 본인의 책임을 경감할 수 없다. (   )   2014, 2018, 2020, 2021

07 강행법규를 위반하여 무효인 계약에 대해서는 그 상대방의 선의, 무과실에 따라 **표현대리 법리가 적용된다**. (   )   2017, 2018, 2020, 2021, 2023

◆ **Answer**

01 × 02 ○ 03 ○ 04 × 05 ○ 06 ○ 07 ×

제126조 【권한을 넘은 표현대리】
대리인이 **그 권한 외의 법률행위**를 한 경우에 제3자가 그 권한이 있다고 믿을 만한 **정당한 이유**가 있을 때에는 본인은 그 행위에 대하여 책임이 있다.

01 권한을 넘은 대리행위와 기본대리권이 반드시 동종의 것이어야 하는 것은 아니다. (   ) 2021

02 기본대리권이 월권행위와 관련이 없는 경우에는 권한을 넘은 표현대리는 성립할 여지가 **없다**. (   ) 2015

03 권한을 넘은 표현대리에 있어서 법정대리권은 기본대리권이 될 수 **없다**. (   )   2017

04 대리인이 복대리인을 통하여 대리권의 범위를 넘는 법률행위를 한 경우에도 권한을 넘은 표현대리에 관한 민법 제126조가 적용된다. (   )   2020

05 복임권이 없는 대리인이 선임한 복대리인의 대리권도 권한을 넘은 표현대리에서의 기본대리권이 될 수 있다. (   )   2021, 2024

06 대리인이 사자(使者)를 통하여 권한을 넘은 법률행위를 하더라도 민법 제126조의 표현대리가 성립할 수 있다. (   )   2018

07 민법 제129조의 대리권 소멸 후의 표현대리로 인정되는 경우에, 그 표현대리의 권한을 넘는 대리행위가 있을 때에는 민법 제126조의 표현대리가 성립될 수 있다. (   )   2017, 2020, 2024

08 등기신청행위를 기본대리권으로 가진 사람이 대물변제라는 사법행위를 한 경우, 그 대리행위는 기본대리권과 같은 종류의 행위가 아니므로 권한을 넘은 표현대리가 성립할 수 **없다**. (   )   2014

09 증권회사로부터 위임받은 고객의 유치, 투자상담 및 권유, 위탁매매약정실적의 제고 등의 업무는 사실행위에 불과하나 이를 기본대리권으로 하여 권한을 넘은 표현대리가 성립할 수 **있다.**

( ) 2016

10 권한을 넘은 표현대리에 관한 규정에서의 제3자에는 당해 표현대리행위의 직접 상대방이 된 자 외에 **전득자도 포함된다.** ( )

2021

11 권한을 넘은 표현대리에서 무권대리인에게 그 권한이 있다고 믿을 만한 정당한 이유가 있는가의 여부는 대리행위 당시를 기준으로 결정하여야 한다. ( )

2014, 2021, 2024

12 권한을 넘은 표현대리에 관한 민법 제126조는 임의대리뿐만 아니라 법정대리에도 적용된다.

( ) 2019, 2024

13 대리인이 사술을 써서 대리행위의 표시를 하지 아니하고 단지 본인의 성명을 모용하여 자기가 본인인 것처럼 기망하여 본인 명의로 직접 법률행위를 한 경우에는 특별한 사정이 없는 한 권한을 넘은 표현대리는 성립할 수 없다. ( )

2021, 2024

14 비법인사단 소유의 재산에 대한 대표자의 처분행위가 사원총회의 결의를 거치지 않아 무효가 되더라도, 상대방이 선의인 경우에는 그 처분행위에 대하여 민법 제126조의 표현대리 법리가 **준용된다.** ( )

2013, 2018

+ **Answer**

01 ○ 02 × 03 × 04 ○ 05 ○ 06 ○ 07 ○ 08 × 09 × 10 ×
11 ○ 12 ○ 13 ○ 14 ×

제127조【대리권의 소멸사유】

대리권은 다음 각 호의 어느 하나에 해당하는 사유가 있으면 소멸된다.
  1. **본인의 사망**
  2. **대리인의 사망, 성년후견의 개시 또는 파산**

01 본인의 사망은 민법에서 정한 임의대리권의 소멸사유에 해당하지 **않는다.** ( ) 2017, 2018

02 본인의 성년후견개시는 민법에서 정한 임의대리권의 소멸사유에 해당하지 않는다. ( )

2017, 2018

03 대리인에 대한 성년후견의 개시는 대리권의 소멸사유이다. ( ) 2017, 2021

04 본인의 성년후견의 개시는 복대리권의 소멸사유가 아니다. ( ) 2019

05 **복대리인이 선임되면** 특별한 사정이 없는 한 대리인의 **대리권은 소멸한다.** (   )   2023

06 복대리인이 선임된 후에 대리인의 대리권이 소멸하더라도 복대리권은 **소멸하지 않는다.**
(   ) 2015, 2019

07 대리인이 파산하여도 복대리권은 **소멸하지 않는다.** (   )   2023

08 미성년자 甲의 법정대리인 乙이 사망한 경우 丙의 복대리인의 지위는 원칙적으로 소멸한다.
(   ) 2021

09 복대리인이 본인의 지명에 의해 선임된 경우에는 임의대리인의 대리권이 소멸하여도 **복대리인의 대리권은 소멸하지 않는다.** (   )
2013

Answer

01 × **02** ○ **03** ○ **04** ○ **05** × **06** × **07** × **08** ○ **09** ×

제128조 【임의대리의 종료】
법률행위에 의하여 수여된 대리권은 전조의 경우 외에 **그 원인된 법률관계의 종료**에 의하여 소멸한다. 법률관계의 종료 전에 **본인이 수권행위를 철회**한 경우에도 같다.

01 본인과 대리인 사이의 원인된 법률관계의 종료는 민법에서 정한 임의대리권의 소멸사유에 해당하지 **않는다.** (   )
2018

02 임의대리의 경우 그 원인된 법률관계의 종료 전에 본인이 수권행위를 철회할 수 있다. (   )
2016, 2018, 2019, 2021, 2022

Answer

01 × **02** ○

제129조 【대리권소멸 후의 표현대리】
대리권의 소멸은 선의의 제3자에게 대항하지 못한다. 그러나 제3자가 과실로 인하여 그 사실을 알지 못한 때에는 그러하지 아니하다.

01 기본적인 어떠한 대리권도 없었던 사람에 대하여 대리권소멸 후의 표현대리는 성립할 수 없다.
(   ) 2014, 2016

02 대리권소멸 후의 표현대리에 관한 규정은 **법정대리에는 적용되지 않는다.** (   )   2015

03 법정대리인이 대리권소멸 후에 복대리인을 선임하여 그에게 대리행위를 하게 하였다면 특별한 사정이 없는 한, 민법 제129조의 표현대리가 성립할 수 **없다.** (　　) 2018

01 ○　**02** ×　**03** ×

제130조 【무권대리】
대리권 없는 자가 타인의 대리인으로 한 계약은 본인이 이를 추인하지 아니하면 본인에 대하여 효력이 없다.

01 협의의 무권대리인이 타인의 대리인으로 한 계약은 본인이 이를 추인하지 아니하면 본인에 대하여 효력이 없다. (　　) 2016

02 무권대리인이 체결한 계약은 본인이 이를 추인할 수 있다. (　　) 2019

03 본인은 무권대리인 상대방에 대하여 적극적으로 추인의 의사가 없음을 표시하여 무권대리행위를 무효로 확정지을 수 있다. (　　) 2016

01 ○　**02** ○　**03** ○

➕ 더 알아보기

✦ 무현명 대리행위와 무권대리행위

구분	현명하지 않은 대리행위(제115조)	대리권 없는 대리행위(제130조)
개념	대리권은 있으나, 대리행위를 표시하지 않은 행위	대리행위는 있으나, 대리권은 없는 행위
조문	제115조 【본인을 위한 것임을 표시하지 아니한 행위】 대리인이 본인을 위한 것임을 표시하지 아니한 때에는 그 의사표시는 **자기를 위한 것으로 본다.** 그러나 상대방이 대리인으로서 한 것임을 알았거나 알 수 있었을 때에는 전조 제1항의 규정을 준용한다.	제130조 【무권대리】 대리권 없는 자가 타인의 대리인으로 한 계약은 본인이 이를 추인하지 아니하면 본인에 대하여 효력이 없다.
대리구조	×	○
본인에 대한 효력	1) 원칙: ×	
	2) 예외: 상대방이 대리인으로서 한 것임을 알았거나 알 수 있었을 때 ○	2) 예외: 본인이 추인한 때 ○

제131조 【상대방의 최고권】
대리권 없는 자가 타인의 대리인으로 계약을 한 경우에 상대방은 상당한 기간을 정하여 본인에게 그 추인 여부의 확답을 최고할 수 있다. 본인이 그 기간 내에 확답을 **발**하지 아니한 때에는 추인을 **거절**한 것으로 **본다.**

01 무권대리인이 체결한 계약의 상대방은 상당한 기간을 정하여 본인에게 추인 여부의 확답을 최고할 수 있다. (   )
2019

02 무권대리행위의 상대방이 계약 당시 무권대리임을 안 경우에는 본인에게 추인 여부의 확답을 **최고할 수 없다.** (   )
2015, 2020 사례, 2023 사례

03 기간을 정한 상대방의 최고에 대하여 본인이 그 기간 내에 추인 여부의 확답을 발하지 않으면 추인을 거절한 것으로 본다. (   )
2016 사례, 2017, 2018, 2021

04 무권대리인의 상대방이 본인에게 하는 무권대리행위의 추인 여부에 대한 확답의 최고는 준법률행위에 해당한다. (   )
2023

→ **Answer**
01 ○ 02 × 03 ○ 04 ○

제132조 【추인, 거절의 상대방】
추인 또는 거절의 의사표시는 상대방에 대하여 하지 아니하면 그 상대방에 대항하지 못한다. 그러나 상대방이 그 사실을 안 때에는 그러하지 아니하다.

01 추인의 의사표시는 본인으로부터 그에 관한 대리권을 수여받은 임의대리인도 할 수 있다. (   ) 2015

02 무권대리행위의 추인은 **무권대리인이 아닌** 무권대리행위의 상대방에게 하여야 한다. (   )
2013 사례, 2015, 2021 사례, 2022

03 본인이 무권대리인에게 한 추인의 의사표시는 **항상** 효력이 **없다.** (   ) 2021

04 추인은 무권대리행위의 상대방에 대하여도 할 수 있지만, 무권대리행위로 인한 권리의 승계인에 대하여는 할 수 **없다.** (   ) 2018

05 무권대리행위에 대한 본인의 추인은 무권대리인의 **동의가 있어야 유효하다.** (   ) 2022

06 무권대리행위의 **일부**에 대한 추인은 상대방의 **동의가 없더라도 유효하다.** (   ) 2021, 2022

07 추인은 의사표시 전부에 대하여 행하여져야 하고, 그 내용을 변경하여 추인할 경우에는 상대방의 동의가 없는 한 무효이다. (   )
2015, 2017, 2023 사례

08 무권대리인이 체결한 계약의 추인은 묵시적인 방법으로도 할 수 있다. (   ) 2017, 2018

09 무권대리행위가 범죄가 되는 경우 본인이 그 사실을 알고 장기간 형사고소를 하지 않았다면 **묵시적 추인이 인정된다.** (   )
2021, 2022

10 무권대리행위에 대한 본인의 추인은 무권대리행위가 있음을 알고 하여야 한다. (   ) 2022

11 추인거절을 이미 알고 있는 상대방에 대해서는 그 거절의 의사표시를 하지 않아도 대항할 수 있다. (   )
2018

12 무권대리행위를 한 후 본인의 지위를 단독으로 상속한 무권대리인은 선의인 상대방에 대하여 무권대리행위의 추인을 거절하지 못한다. (   )
2013 사례, 2018, 2020 사례, 2023 사례

13 대리권 없이 타인의 부동산을 매도한 자가 그 부동산을 단독상속한 후 그 대리행위가 무권대리로 무효임을 주장하는 것은 신의칙상 허용될 수 없다. (   )
2019

Answer

01 ○　02 ×　03 ×　04 ×　05 ×　06 ×　07 ○　08 ○　09 ×　10 ○
11 ○　12 ○　13 ○

제133조【추인의 효력】
추인은 다른 의사표시가 없는 때에는 **계약시에 소급하여** 그 효력이 생긴다. 그러나 제3자의 권리를 해하지 못한다.

01 계약의 무권대리에 대한 추인은 다른 의사표시가 없으면 **추인한 때부터** 그 효력이 생긴다.
(   ) 2021

02 대리권 없는 乙이 甲의 대리인이라 칭하며 甲 소유의 X토지를 丙에게 매도하였다. 甲의 추인이 있기 전에 甲과 丁이 X토지에 대하여 매매계약을 체결하고 丁이 소유권이전을 위한 가등기를 해 두었더라도, 甲이 무권대리인의 매매계약을 추인하면 그로 인한 **소급효는 丁에게도 미친다.**
(   ) 2013, 2016

Answer

01 ×　02 ×

더 알아보기

✦ **무권대리의 추인**

의의	무권대리 知 + 효과귀속 의사표시(제130조)
법적 성질	상대방 있는 단독행위: 형성권
방법	① 주체: 본인, 상속인, 법정대리인, 임의대리인(수권필요) ② 추인의 상대방: 　ⅰ) 무권대리의 상대방 ○ 　ⅱ) **무권대리인** ○ → 상대방이 추인 不知 ⇒ **추인 효과** × (제132조) 　　　　　　　　　　　　　　└ 상대방(선의): 철회권 可 　ⅲ) 승계인 ○ ③ 범위: 전부 추인 　　　∵ 일부추인·변경추인 ⇒ 상대방의 동의 要 ④ 방법: ⅰ) 명시적 ○ 　　　　 ⅱ) 묵시적 ○ ┬ 변제, 변제수령, 기한유예요청 해당 ○ 　　　　　　　　　　 └ 단순부작위 ×, 장기간 형사고소 해당 ×
효과	① 유동적 무효 → 확정적 유효(소급효: 제133조) ② 무권대리행위의 추인 × → 제139조 적용 × ③ 제3자의 권리를 해하지 못함(제133조 단서)

✦ **무권대리와 무권리자 처분행위의 비교**

구분	무권대리	무권리자 처분행위
실제 행위자	대리인	무권리자
법적 효과	본인을 위한 것	행위자(무권리자)를 위한 것
대리여부	대리 ○	대리 ×
권리여부	권리자의 처분	무권리자의 처분
계약의 효력	무효	유효
처분행위의 효력	무효	무효
추인 후 처분행위의 효력	소급적 유효(제133조)	소급적 유효(제133조 유추적용)

제134조 【상대방의 철회권】

대리권 없는 자가 한 계약은 본인의 **추인이 있을 때까지** 상대방은 본인이나 그 대리인에 대하여 이를 철회할 수 있다. 그러나 계약 당시에 상대방이 **대리권 없음을 안 때에는 그러하지 아니하다.**

01 상대방은 계약 당시에 대리인에게 대리권이 없음을 **안 때에**도 본인의 추인이 있을 때까지 계약을 **철회할 수 있다.** (   )
2017, 2019, 2021, 2023 사례

02 대리권 없는 乙이 甲의 대리인이라 칭하며 甲 소유의 X토지를 丙에게 매도하였다. 甲의 추인이 있기 전이라면, 丙이 매매계약 체결 당시 乙에게 대리권 없음을 알았던 경우라도 丙은 매매계약을 **철회할 수 있다.** (   )
2013, 2016 사례, 2017

03 본인이 무권대리인에게 무권대리행위를 추인한 경우, 계약 당시에 대리권 없음을 알지 못한 상대방은 그 추인 사실을 알기 전까지 무권대리인과 체결한 계약을 철회할 수 있다. (   )
∵ 제132조에 따라 무권대리인에게 추인의 의사표시를 할 때에는 상대방에게 이를 주장할 수 없기 때문
2015

04 본인이 추인을 거절하더라도 상대방은 철회권을 행사할 수 있다. (   )
2021

◆ **Answer**

01 × **02** × **03** ○ **04** ×

📌 더 알아보기

✦ **제한능력자와 무권대리인 법률행위의 상대방보호 비교**

구분		제한능력자의 법률행위	무권대리행위
법률행위의 효력		유동적 **유효**	유동적 **무효**
확답촉구권 (최고권)	최고권자	선의·악의 불문 모든 상대방 가능	
	최고의 상대방	법정대리인(또는 능력자로 된 본인)	본인
	최고기간	1월 이상의 기간	상당한 기간
	확답이 없는 때	① 원칙적으로 추인 간주 ② 특별절차 요하면 취소로 간주	추인거절로 간주
철회권	철회권자	선의의 상대방만 가능	
	철회의 상대방	법정대리인·본인은 물론 제한능력자·무권대리인도 가능	
	행사기간	법정대리인·본인의 추인이 있기 전에만 행사 가능	
거절권		○	×[9]

---

9 단독행위에는 별도 규정이 있다(제136조).

제135조【상대방에 대한 무권대리인의 책임】
① 다른 자의 대리인으로서 계약을 맺은 자가 그 대리권을 증명하지 못하고 또 본인의 추인을 받지 못한 경우에는 그는 상대방의 선택에 따라 계약을 이행할 책임 또는 손해를 배상할 책임이 있다.
② 대리인으로서 계약을 맺은 자에게 대리권이 없다는 사실을 <u>상대방이 알았거나 알 수 있었을 때</u> 또는 대리인으로서 계약을 맺은 사람이 <u>제한능력자일 때</u>에는 제1항을 <u>적용하지 아니한다.</u>

01 민법 제135조에 따른 무권대리인의 상대방에 대한 책임은 대리권 흠결에 관하여 무권대리인에게 **귀책사유가 있어야만 인정된다.** ( )
2019

02 무권대리인이 자신의 대리권을 증명하지 못하고 본인의 추인을 받지 못한 경우, 무권대리인은 과실이 없어도 상대방의 선택에 따라 계약을 이행하거나 손해를 배상할 책임이 있다. ( ) 2016, 2021

03 무권대리행위가 제3자의 기망 등 위법행위로 야기되었더라도 민법 제135조에 따른 무권대리인의 상대방에 대한 책임은 부정되지 않는다. ( )
2019

04 대리권 없는 乙이 甲의 대리인이라 칭하며 甲 소유의 X토지를 丙에게 매도하였다. 甲이 추인을 거절한 경우, 丙은 乙을 상대로 계약의 이행과 **함께** 손해배상을 청구할 수 있다. ( ) 2013

05 대리인으로서 계약을 맺은 자에게 대리권이 없다는 사실을 **알 수 있었던 상대방은** 무권대리인에게 계약을 이행할 책임 또는 손해를 배상할 책임을 물을 수 **있다.** ( ) 2017, 2023 사례

06 **제한능력자**인 무권대리인은 민법 제135조 제1항에 따라 계약을 이행할 책임 또는 손해를 배상할 책임이 **있다.** ( )
2021

◆ **Answer**

01 × **02** ○ **03** ○ **04** × **05** × **06** ×

 더 알아보기

◆ **무권대리인의 책임(제135조)**

조문	제135조【상대방에 대한 무권대리인의 책임】 ① 다른 자의 대리인으로서 계약을 맺은 자가 그 대리권을 증명하지 못하고 **또** 본인의 추인을 받지 못한 경우에는 그는 **상대방의 선택**에 따라 계약을 이행할 책임 **또는** 손해를 배상할 책임이 있다. ② 대리인으로서 계약을 맺은 자에게 대리권이 없다는 사실을 상대방이 알았거나 알 수 있었을 때 **또는** 대리인으로서 계약을 맺은 사람이 제한능력자일 때에는 제1항을 적용하지 아니한다.
성립 요건	1. 대리인이 그 대리권을 증명하지 못할 것 2. 본인의 추인을 받지 못할 것 ┐ → ※ 표현대리도 성립 × 3. 상대방은 선의·무과실일 것 4. 무권대리인이 행위능력자일 것
효과	1. **법정무과실책임**: 제3자의 기망 or 문서위조 등 위법행위로 야기된 경우에도 책임 ○ 2. 선택채권 - 선택권자: **상대방** ○, 무권대리인 × 3. **계약의 이행** or 손해배상책임

제136조【단독행위와 무권대리】
단독행위에는 그 행위당시에 상대방이 대리인이라 칭하는 자의 대리권 없는 행위에 동의하거나 그 대리권을 다투지 아니한 때에 한하여 전6조의 규정을 준용한다. 대리권 없는 자에 대하여 그 동의를 얻어 단독행위를 한 때에도 같다.

제4절 무효와 취소

※「국토의 계획 및 이용에 관한 법률」상의 토지거래허가구역 내의 토지를 매매한 경우

01 권리의 이전 또는 설정에 관한 토지거래계약은 그에 대한 허가를 받을 때까지는 효력이 전혀 없다. (   )
2014

02 토지매매계약은 관할관청의 허가를 받아야만 그 효력이 발생하고 그 허가를 받기 전에는 채권적 효력도 발생하지 아니한다. (   )
2015, 2016, 2019

03 토지거래허가를 받기 전에도 매수인은 매도인에게 소유권이전의무 불이행으로 인한 손해배상 청구를 할 수 있다. (   )
2019

04 매수인이 대금을 선급하기로 약정하였다면 **허가를 받기 전에도** 매도인은 **대금 미지급을 이유로 계약을 해제할 수 있다.** (   )
2014, 2015, 2016

05 계약의 쌍방 당사자는 공동허가신청절차에 협력할 의무가 있지만, 이러한 의무에 일방이 위배하더라도 상대방은 협력의무의 이행을 소구할 수는 **없다.** (   )
2014, 2015, 2016

06 매도인의 토지거래허가 신청절차 협력의무와 매수인의 매매대금지급의무가 동시이행의 관계에 있는 것은 아니다. (   )
2015, 2016

07 위 계약체결 후 토지거래허가를 받은 경우, 위 계약은 특별한 사정이 없는 한 **그 허가를 받은 때부터** 유효가 된다. (   )
2019

08 일단 허가를 받으면 토지거래계약은 처음부터 효력이 있으므로 거래계약을 다시 체결할 필요가 없다. (   )
2014

09 토지매매계약의 무효가 확정되지 않은 상태에서는 매수인은 임의로 지급한 계약금을 부당이득으로 반환을 청구할 수 없다. (   )
2014

10 처음부터 토지거래허가를 배제하거나 잠탈하는 내용의 계약일 경우에는 **확정적으로 무효로서** 유효화될 여지가 없다. (　　) 2015, 2016, 2018, 2024

11 토지거래허가를 받기 전에 甲이 허가신청협력의무의 이행거절의사를 명백히 표시한 경우, 위 계약은 확정적으로 무효가 된다. (　　) 2019

12 토지거래허가를 받지 못하여 위 계약이 확정적으로 무효가 된 경우, 그 무효가 됨에 있어 귀책 사유가 있는 자는 위 계약의 무효를 주장할 수 **없다**. (　　) 2019

13 **법률행위의 무효는** 제한능력자, 착오나 사기·강박에 의하여 의사표시를 한 자, 그의 대리인 또는 승계인 이외에는 주장할 수 없다. (　　) 2022

14 의사무능력자가 한 법률행위는 **상대적** 무효이다. (　　) 2013

15 의사무능력자의 법률행위는 법률행위의 당사자 외에 선의의 제3자에 대하여도 무효를 주장할 수 있다. (　　) 2019

16 **무효인 법률행위는** 추인할 수 있는 날로부터 3년, 법률행위를 한 날로부터 10년 이후에는 추인 할 수 **없다**. (　　) 2022

17 무효인 법률행위에 따른 법률효과를 침해하는 것처럼 보이는 채무불이행이 있다면 채무불이 행으로 인한 손해배상을 청구할 수 **있다**. (　　) 2020

◆ **Answer**

01 ○　02 ○　03 ×　04 ×　05 ×　06 ○　07 ×　08 ○　09 ○　10 ○
11 ○　12 ×　13 ×　14 ×　15 ○　16 ×　17 ×

✦ 유동적 무효

의의	법률행위가 행위 시에 효력이 발생하지 않으나 제3자의 추인·관청의 허가를 받게 되면 법률행위 시에 소급해서 유효가 되는 것
토지거래허가를 받기 전의 유동적 무효관계	1. **채권적 효력 + 물권적 효력** 　① 채권적, 물권적 효력: 무효 　② 이행청구 × 　③ 채무불이행을 원인으로 한 손해배상청구 × 　④ 채무불이행을 원인으로 한 해제 × 2. **협력의무** 　① 토지거래허가에 협력할 의무 인정 　② 소제기 ○ 　③ 불이행시 손해배상청구 ○ 　④ 불이행에 대비해 미리 손해배상예정 ○ 　⑤ 불이행시 토지거래계약 해제 × 3. **토지거래계약에 수반한 계약금계약의 효력** 　① 계약금 계약 유효 → 제565조에 의한 해제 가능 　　㉠ 일방 　　㉡ 이행 착수 전 　　㉢ 포기배액상환 　　㉣ 해제 의사표시 도달 　② 계약금의 부당이득 청구: × 　③ 토지거래허가를 받은 경우 해약금해제 가능: ○
확정적 무효	① 처음부터 허가를 배제하거나 잠탈하는 내용의 계약일 경우 ② 관할 관청의 불허가처분이 있을 때 ③ 당사자 쌍방이 허가신청협력의무의 이행거절의사를 명백히 표시한 경우
확정적 유효	① 허가를 받은 경우 ② 허가구역 지정이 해제되거나 재지정을 하지 아니한 때

제137조 【법률행위의 일부무효】

법률행위의 일부분이 무효인 때에는 그 **전부를 무효로 한다.** 그러나 그 **무효부분이 없더라도 법률행위를 하였을 것이라고 인정될 때에는 나머지 부분은 무효가 되지 아니한다.**

01　법률행위의 일부분이 무효이면 그 **일부분만 무효로 되는 것이 원칙이다.** (　　) ²⁰¹³, ²⁰²⁰, ²⁰²¹

02　법률행위의 일부분이 무효인 경우, 그 무효부분이 없더라도 법률행위를 하였을 것이라고 인정될 때에도 **그 전부를 무효로 한다.** (　　) ²⁰¹⁶

03　법률행위의 일부분이 무효인 경우에 대하여 규정하고 있는 민법 제137조는 임의규정이다. (　　) ²⁰¹⁹

✦ **Answer**

01 × 　02 × 　03 ○

제138조【무효행위의 전환】

무효인 법률행위가 다른 법률행위의 요건을 구비하고 당사자가 그 무효를 알았더라면 다른 법률행위를 하는 것을 의욕하였으리라고 인정될 때에는 다른 법률행위로서 효력을 가진다. [2018]

01 불공정한 법률행위로서 무효인 경우에는 무효행위의 전환에 관한 민법 제138조가 적용될 수 없다. (   ) [2014, 2018, 2020, 2022, 2023]

◆ **Answer**

01 ×

제139조【무효행위의 추인】

무효인 법률행위는 추인하여도 그 효력이 생기지 아니한다. 그러나 당사자가 그 무효임을 알고 추인한 때에는 새로운 법률행위로 본다.

01 무효인 법률행위는 추인하여도 원칙적으로 그 효력이 생기지 않는다. (   ) [2019]

02 무효인 계약은 계약당사자가 무효임을 알고 추인한 경우 **계약성립 시부터** 새로운 법률행위를 한 것으로 본다. (   ) [2020]

03 무효행위의 추인은 그 무효 원인이 소멸한 후에 하여야 그 효력이 있다. (   ) [2018]

04 무효인 법률행위의 추인은 명시적으로 하여야 하고 묵시적으로는 할 수 **없다.** (   ) [2016, 2024]

05 무효인 법률행위에 대해 당사자가 무효임을 알고 추인하면 그 법률행위는 **소급하여 유효하게 되는 것**이 원칙이다. (   ) [2018, 2021]

06 불공정한 법률행위로서 무효인 경우 그 무효인 법률행위는 추인에 의하여 유효로 될 수 없다. (   ) [2018, 2020, 2021]

07 폭리행위로 무효인 법률행위도 추인에 의하여 유효하게 될 수 **있다.** (   ) [2013]

08 무권리자가 타인의 권리를 처분하는 행위는 권리자가 이를 알고 추인하여도 그 처분의 **효력이 발생하지 않는다.** (   ) [2020]

09 무권리자가 타인의 권리를 처분하는 계약을 체결한 경우 권리자가 이를 추인하면 계약의 효과는 원칙적으로 계약체결시에 소급하여 권리자에게 귀속된다. (   ) [2023]

◆ **Answer**

01 ○　02 ×　03 ○　04 ×　05 ×　06 ○　07 ×　08 ×　09 ○

더 알아보기

✦ 민법상 추인 비교

1. 무효행위의 추인		제139조	효과
1.	강행법규 위반, 반사회적 법률행위, 불공정한 법률행위 등 무효	적용 ×	추인하여도 여전히 무효
2.	통정허위표시로 무효, 무효의 가등기의 유용, 무효인 명의신탁 등 무효	적용 ○	무효임을 알고 추인한 때에는 새로운 법률로 봄(소급효 없음)
3.	유동적 무효 ㉠ 무권대리행위 ㉡ 무권리자 처분행위 ㉢ 토지거래허가를 받지 않고 한 토지매매계약	적용 ×	추인이나 허가를 받으면 소급하여 효력 발생
2. 취소할 수 있는 행위의 추인(취소권의 포기)		제141조 ○	유동적 유효 → 확정적 유효(소급효 ×)

✦ 무효와 취소의 비교

구분	무효	취소
효력	처음부터 당연히 효력 없음	취소가 있어야 무효, 취소 전에는 일응 유효
주장권자	누구든지 무효 주장 가능	**취소권자에 한하여** 취소 가능
기간	한번 무효는 계속 무효	• 취소는 단기제척기간이 적용 • 제척기간 경과 후에는 취소권 소멸 → 확정적 유효
추인	무효에도 추인제도 존재. 다만 추인의 원칙적 효력 발생 ×	취소할 수 있는 법률행위가 추인하면 유효한 법률행위로 확정
법정추인	×	○
부당이득	부당이득의 일반원칙 적용	취소하면 부당이득 문제 발생 ※ 제한능력으로 인한 취소의 경우 → 현존이익의 범위 내에서만 반환책임 짐
민법상 규정	① 의사무능력자의 법률행위 ② 원시적 불능인 법률행위 ③ 강행규정위반 법률행위 ④ 반사회질서의 법률행위(제103조) ⑤ 불공정한 법률행위(제104조) ⑥ 비진의표시(제107조) ⑦ 통정허위표시(제108조)	① 제한능력자의 법률행위(제5조 이하) ② 착오에 의한 의사표시(제109조) ③ 사기·강박에 의한 의사표시(제110조)

제5장

제140조 【법률행위의 취소권자】

취소할 수 있는 법률행위는 **제한능력자**, **착오**로 인하거나 **사기 · 강박**에 의하여 의사표시를 한 자, 그의 대리인 또는 **승계인만**이 취소할 수 있다.

01 제한능력자도 단독으로 취소권을 행사할 수 있다. (   )   2021

02 만 18세의 甲이 법정대리인의 동의 없이 체결한 오토바이 매매계약에 대한 취소는 甲이 법정대리인의 동의 없이 **단독으로 할 수 있는 행위가 아니다.** (   )   2013, 2017, 2020, 2024

03 취소원인의 진술이 없는 취소의 의사표시는 그 효력이 **없다.** (   )   2018

04 착오에 의한 의사표시를 한 자가 사망한 경우, 그 상속인은 피상속인의 착오를 이유로 취소할 수 **없다.** (   )   2016

◆ **Answer**

01 ○ **02** × **03** × **04** ×

제141조 【취소의 효과】

취소된 법률행위는 **처음부터 무효인 것으로 본다.** 다만, **제한능력자는 그 행위로 인하여 받은 이익이 현존하는 한도에서 상환할 책임이 있다.** 2024

01 법정대리인이 취소한 미성년자의 법률행위는 **취소시부터** 효력을 상실한다. (   )   2017, 2023

02 법률행위가 취소되면 처음부터 무효인 것으로 되지만, 제한능력자는 그 행위로 인하여 받은 이익이 현존하는 한도에서 상환(償還)할 책임이 있다. (   )   2017, 2020

03 법률행위의 취소로 무효가 된 그 법률행위는 무효행위의 추인의 법리에 따라 추인할 수 **없다.** (   )   2018, 2021

04 제한능력을 이유로 법률행위가 취소되면 제한능력자는 그가 악의인 경우에도 그 행위로 인해 받은 이익이 현존하는 한도에서 상환할 책임이 있다. (   )   2020, 2022, 2024

05 미성년자 甲이 매매대금을 전부 유흥비로 탕진한 후 법정대리인 丙이 매매계약을 적법하게 취소한 경우, 상대방 乙은 명화를 반환하고 매매대금 **전부**를 반환받을 수 **있다.** (   )   2017

06 의사무능력을 이유로 법률행위가 무효인 경우 의사무능력자는 **이익의 현존여부를 불문하고 받은 이익 전부를 반환하여야 한다.** ( )
2021

07 하나의 법률행위의 일부분에만 취소사유가 있다고 하더라도 그 법률행위가 가분적이거나 그 목적물의 일부가 특정될 수 있다면, 그 나머지 부분이라도 이를 유지하려는 당사자의 가정적 의사가 인정되는 경우 그 일부만의 취소도 가능하다. ( )
2019

08 법률행위의 일부분에만 착오가 있고 그 법률행위가 가분적이면 그 나머지 부분이라도 유지하려는 당사자의 가정적 의사가 인정되는 경우 그 일부만의 취소도 가능하다. ( )
2014

09 임차권양도계약과 권리금 계약이 결합하여 경제적·사실적 일체로 행하여진 경우, 그 권리금계약 부분에만 취소사유가 존재하여도 특별한 사정이 없는 한 권리금계약 부분만을 따로 떼어 취소할 수는 없다. ( )
2019

10 법률행위가 무효와 취소사유를 모두 포함하고 있는 경우 당사자는 취소권이 있더라도 무효에 따른 효과를 제거하기 위해 이미 무효인 법률행위를 취소할 수 **없다.** ( )
2022

11 계약이 해제된 후에도 해제의 상대방은 해제로 인한 불이익을 면하기 위하여 취소권을 행사하여 계약 전체를 무효로 돌릴 수 있다. ( )
2018, 2021, 2022

✦ **Answer**

01 × 02 ○ 03 × 04 ○ 05 × 06 × 07 ○ 08 ○ 09 ○ 10 ×
11 ○

더 알아보기

✦ **의사능력과 행위능력 비교**

구분	의사능력	행위능력
판단기준	개별적·구체적으로 판단	획일적 규정(강행규정)
능력없는 자의 행위	무효	취소
법정추인	×	○
선의의 제3자	대항 가능	대항 가능
신의칙과 관계	민법의 기본원칙 > 신의칙	강행규정 > 신의칙
부당이득 141조 단서 적용여부	141조 단서 유추적용	141조 단서 적용

제142조 【취소의 상대방】

취소할 수 있는 법률행위의 상대방이 확정된 경우에는 그 취소는 그 상대방에 대한 의사표시로 하여야 한다. 2024

01 취소할 수 있는 법률행위의 상대방이 그 법률행위로 취득한 권리를 타인에게 임의로 양도한 경우 특별한 사정이 없는 한 그 취소의 의사표시는 **그 양수인을** 상대방으로 하여야 한다.

(   ) 2023

02 미성년자 甲이 법정대리인 乙의 동의 없이 자신의 노트북 컴퓨터를 丙에게 매각하였다. 丙이 그 물건을 다시 丁에게 증여한 경우, 甲은 **丁을 상대로** 매매계약을 **취소할 수 있다.** (   ) 2014

∵ 미성년자 甲이 취소하려는 법률행위인 매매계약의 상대방은 丙으로 확정되었으므로

--◆ **Answer**

01 ×   02 ×

제143조 【추인의 방법, 효과】

① 취소할 수 있는 법률행위는 제140조에 규정한 자가 추인할 수 있고 추인 후에는 **취소하지 못한다.**
② 전조의 규정은 전항의 경우에 준용한다.

01 취소할 수 있는 법률행위를 추인할 수 있는 자는 그 법률행위의 취소권자이다. (   ) 2020

02 취소할 수 있는 법률행위의 추인은 취소권자가 취소할 수 있는 법률행위임을 알고서 추인하여야 한다. (   )

2018

03 취소할 수 있는 법률행위는 추인에 의하여 유효한 것으로 확정된다. (   ) 2014

──────◆ **Answer**

01 ○   02 ○   03 ○

제144조 【추인의 요건】

① 추인은 **취소의 원인이 소멸된 후**에 하여야만 효력이 있다.
② 제1항은 법정대리인 또는 후견인이 추인하는 경우에는 적용하지 아니한다.

01 미성년자가 법률행위를 한 후, 성년자가 되기 전에 그가 이를 추인하더라도 그 추인은 효력이 없다. (   )
2013, 2017

02 피성년후견인은 취소할 수 있는 법률행위를 단독으로 유효하게 추인할 수 **있다.** (   ) 2020

03 미성년자의 **법정대리인**이 취소할 수 있는 법률행위를 추인하는 경우 그 추인은 **취소의 원인이 소멸된 후에 하여야만 효력이 있다.** (   )
2024

♦ **Answer**

01 ○ **02** × **03** ×

제145조 【법정추인】

취소할 수 있는 법률행위에 관하여 전조의 규정에 의하여 추인할 수 있는 후에 다음 각 호의 사유가 있으면 추인한 것으로 본다. 그러나 이의를 보류한 때에는 그러하지 아니한다.

1. 전부나 일부의 **이행**
2. 이행의 **청구** ➡ **취소권자가 상대방에게 청구**하는 **경우만 포함**된다.
3. **경개**
4. **담보의 제공**
5. 취소할 수 있는 행위로 취득한 권리의 전부나 일부의 **양도**
   ➡ **취소권자가 상대방에게** 취득한 권리의 전부나 일부를 **양도한 경우만 포함**된다.
6. **강제집행**

01 취소권자가 추인할 수 있은 후에 이의를 보류한 상내에서 취소할 수 있는 계약을 이행한 때에는 법정추인이 되지 않는다. (   )
2021

02 취소할 수 있는 행위로부터 생긴 채무의 이행을 위해 취소권자가 상대방에게 일부 이행을 한 경우는 법정추인이 되는 경우이다. (   )
2017, 2022

03 취소권자의 **상대방이 이행을 청구하는 경우**는 법정추인이 **되는 경우이다.** (   ) 2017, 2023

04 취소권자가 취소할 수 있는 행위에 의하여 성립된 채권을 소멸시키고 그 대신 다른 채권을 성립시키는 경개를 하는 경우는 법정추인에 해당한다. (   )
2022

05 취소권자가 채무자로서 담보를 제공하는 경우는 법정추인이 되는 경우이다. (　　) ²⁰¹⁷

06 취소할 수 있는 행위로부터 생긴 채무의 이행을 위해 취소권자가 상대방에게 저당권을 설정해 준 경우는 법정추인에 해당한다. (　　) ²⁰²²

07 취소할 수 있는 법률행위에서 취소권자의 **상대방이** 그 취소할 수 있는 행위로 **취득한 권리를 양도하는 경우** 법정추인이 **된다.** (　　) ^{2017, 2019, 2022}

08 취소권자가 채권자로서 강제집행하는 경우는 법정추인이 되는 경우이다. (　　) ²⁰¹⁷

→ **Answer**

01 ○　02 ○　03 ×　04 ○　05 ○　06 ○　07 ×　08 ○

제146조【취소권의 소멸】
취소권은 추인할 수 있는 날부터 3년 내에, **법률행위를 한 날부터 10년 내에 행사하여야 한다.** ^{2020, 2024}
➡ 3년 또는 10년의 두 기간 중 어느 것이든 먼저 경과하면 취소권은 소멸한다.

01 취소권은 추인할 수 있는 날로부터 **10년 내에** 행사하면 된다. (　　) ²⁰¹⁶

02 취소권은 법률행위를 한 날로부터 **3년 내에** 행사하여야 한다. (　　) ²⁰¹³

03 민법이 취소권을 행사할 수 있는 기간으로 정한 '추인할 수 있는 날로부터 3년, 법률행위를 한 날로부터 10년'은 **소멸시효기간이다.** (　　) ²⁰¹⁸

04 취소권의 행사기간은 법원의 직권조사사항이다. (　　) ²⁰²⁴

→ **Answer**

01 ×　02 ×　03 ×　04 ○

더 알아보기

✦ **취소할 수 있는 법률행위(유동적 유효)의 확정**

취소할 수 있는 법률행위	취소	추인	법정추인	제척기간
前	유동적 유효			
後	확정적 소급 **무효**	확정적 유효		
근거	의사표시		객관적 상황	기간 경과
본질	**취소권** 행사	취소권 포기	취소권 배제	취소권 소멸

제5절 조건과 기한

01 조건이 성립하기 위해서는 조건의사와 그 표시가 필요하고, 조건의사가 있더라도 그것이 외부에 표시되지 않으면 원칙적으로 법률행위의 동기에 불과하다. (   )   2023

02 조건이란 법률행위 효력의 발생 또는 소멸을 장래 발생할 것이 **확실한 사실**에 의존하게 하는 법률행위의 부관을 말한다. (   )   2014, 2018

03 불확정한 사실이 발생한 때를 이행기한으로 정한 경우, 그 사실이 발생한 때뿐만 아니라 발생이 불가능하게 된 때에도 이행기한은 도래한 것으로 보아야 한다. (   )   2015

04 "3년 안에 甲이 사망하면 현재 甲이 사용 중인 乙소유의 자전거를 乙이 丙에게 증여한다"는 계약은 조건부 법률행위이다. (   )   2016

05 상계의 의사표시에는 원칙적으로 조건을 붙일 수 **있다**. (   )   2022

06 혼인이나 입양 등 가족법상의 법률행위는 원칙적으로 조건과 친하지 않다. (   )   2014

◆ Answer

01 ○ **02** × **03** ○ **04** ○ **05** × **06** ○

더 알아보기

✦ **조건 · 기한의 허용여부**

구분	원칙 – 조건의 불가	예외 – 조건 · 기한의 허용
단독행위	취소, 해제, 해지, 추인, 상계 등	① 채무면제, 유증과 같이 **상대방에게 이익만을 주거나 상대방의 지위를 불안케 할 염려가 없는 행위**이거나, ② 상대방의 동의가 있는 경우에는 허용된다.
가족법상 행위	혼인, 인지, 입양, 상속 승인 · 포기 등	유언, 약혼
어음 · 수표 행위	어음 · 수표의 발행, 배서 등	어음보증 ★ 어음, 수표는 조건에 친하지 않으나 시기(이행기)를 붙이는 것은 무방하다.

제147조 【조건성취의 효과】
① 정지조건 있는 법률행위는 조건이 성취한 때로부터 그 효력이 생긴다.
② 해제조건 있는 법률행위는 조건이 성취한 때부터 그 효력을 잃는다.
③ 당사자가 조건성취의 효력을 그 성취 전에 소급하게 할 의사를 표시한 때에는 그 의사에 의한다.

2013

01 정지조건은 법률행위 효력의 발생을 장래의 **확실한 사실**에 의존케 하는 조건이다. (　　) 2020

02 정지조건 있는 법률행위는 조건이 성취한 때로부터 **그 효력을 잃는다.** (　　) 2015, 2024

03 2024년 4월에 '2024년 제12회 행정사 시험에 응시하여 최종 합격하면 자동차를 사준다'는 법률행위를 한 경우 이는 특별한 사정이 없는 한 정지조건부 법률행위이다. (　　) 2024

04 해제조건은 법률행위 효력의 **발생**을 장래의 불확실한 사실에 의존케 하는 조건이다. (　　)
2020

05 당사자가 조건성취 전에 특별한 의사표시를 하지 않으면 조건성취의 효력은 소급효가 없다.
(　　) 2019

06 정지조건이 성취되면 법률효과는 그 성취된 때로부터 발생하며, **당사자의 의사로 이를 소급시킬 수 없다.** (　　)
2016

07 해제조건 있는 법률행위는 조건이 성취한 때로부터 그 효력을 잃지만, 당사자의 의사에 따라 이를 소급하게 할 수 있다. (　　)
2019

◆ **Answer**

01 × 　 02 × 　 03 ○ 　 04 × 　 05 ○ 　 06 × 　 07 ○

제148조【조건부권리의 침해금지】

조건 있는 법률행위의 당사자는 조건의 성부가 미정한 동안에 조건의 성취로 인하여 생길 상대방의 이익을 해하지 못한다. ^{2017, 2019, 2024}

제149조【조건부권리의 처분 등】

조건의 성취가 미정한 권리의무는 일반규정에 의하여 처분, 상속, 보존 또는 담보로 할 수 있다.

2015, 2019

01 조건의 성취가 미정한 권리는 일반규정에 의하여 처분할 수 **없다**. (   ) 2016, 2024

+ Answer

01 ×

제150조【조건성취, 불성취에 대한 반신의행위】

① 조건의 성취로 인하여 불이익을 받을 당사자가 신의성실에 반하여 조건의 성취를 방해한 때에는 상대방은 그 조건이 성취한 것으로 주장할 수 있다. ²⁰¹⁴
② 조건의 성취로 인하여 이익을 받을 당사자가 신의성실에 반하여 조건을 성취시킨 때에는 상대방은 그 조건이 성취하지 아니한 것으로 주장할 수 있다.

01 조건성취로 불이익을 받을 자가 **고의가 아닌 과실로** 신의성실에 반하여 조건의 성취를 방해한 경우, 상대방은 조건이 성취된 것으로 주장할 수 **없다**. (   ) 2016, 2023

02 조건의 성취로 이익을 받을 당사자가 신의성실에 반하여 조건을 성취시킨 경우, 상대방은 그 조건이 성취하지 아니한 것으로 주장할 수 있다. (   ) 2018

-+ Answer

01 × 02 ○

제151조 【불법조건, 기성조건】

① **조건이 선량한 풍속 기타 사회질서에 위반한 것인 때에는 그 법률행위는 무효**로 한다. [2017]

② 조건이 법률행위의 당시 이미 성취한 것인 경우에는 그 조건이 정지조건이면 조건 없는 법률행위로 하고 해제조건이면 그 법률행위는 무효로 한다.

③ 조건이 법률행위의 당시에 이미 성취할 수 없는 것인 경우에는 그 조건이 해제조건이면 조건 없는 법률행위로 하고 정지조건이면 그 법률행위는 무효로 한다.

01 조건이 사회질서에 위반한 것인 때에는 그 법률행위는 무효로 한다. (   ) [2013]

02 불법조건이 붙은 법률행위는 원칙적으로 불법조건을 제외한 **나머지는 유효하다.** (   ) [2020, 2022, 2024]

03 조건이 선량한 풍속 기타 사회질서에 위반한 것인 때에는 그 조건은 무효로 되지만 그 조건이 붙은 법률행위가 무효로 되는 것은 **아니다.** (   ) [2015, 2016]

04 부첩관계의 종료를 해제조건으로 하는 증여계약에서 그 조건은 무효이므로 그 증여계약은 **조건 없는 법률행위**가 된다. (   ) [2013, 2019]

05 조건이 법률행위 당시 이미 성취한 것인 경우, 그 조건이 정지조건이면 조건 없는 법률행위로 한다. (   ) [2018]

06 "행정사시험에 합격하면 자동차를 사주겠다."고 약속한 경우 약속 당시 이미 시험에 합격했다면, 이는 조건 없는 증여계약이다. (   ) [2014]

07 해제조건이 법률행위 당시 이미 성취될 수 없는 것이면 조건 없는 법률행위로 한다. (   ) [2013]

08 조건이 법률행위의 당시에 이미 성취할 수 없는 불능조건인 경우에는 그 조건이 해제조건이면 그 법률행위는 **무효로 한다.** (   ) [2024]

09 "내일 해가 서쪽에서 뜨면 자동차를 사주겠다."는 내용의 증여계약은 무효이다. (   ) [2014]

10 해제조건부 법률행위의 조건이 불능조건인 경우 그 법률행위는 **무효**이다. (   ) [2022]

11 해제조건부 법률행위의 경우 법률행위 당시 조건이 이미 성취할 수 없는 것인 때에는 그 법률행위는 **무효**이다. (   ) [2017]

◆ **Answer**

01 ○ 02 × 03 × 04 × 05 ○ 06 ○ 07 ○ 08 × 09 ○ 10 ×
11 ×

더 알아보기

✦ 조건

의의	법률행위의 **성립의 전제**로 효력의 발생 또는 소멸을 장래의 불확실한 사실의 성부에 의존케 하는 법률행위의 일부로 부가되는 것(부관)
동기와 구별	표시유무 ┌ ○ : 조건(조건의사와 그 표시가 필요) └ × : 동기
기성조건과 불능조건	1. 기성조건 : 조건이 법률행위 성립 당시 이미 성취되어 있는 경우 　↳ + 해제조건(효력소멸조건) : 무효 　　+ 정지조건(효력발생조건) : 조건 없는 법률행위 2. 불능조건 : 조건이 법률행위 성립 당시 이미 성취될 수 없는 것으로 확정된 경우 　↳ + 해제조건(효력소멸조건) : 조건 없는 법률행위 　　+ 정지조건(효력발생조건) : 무효
조건성취 방해	조건성취 주장 가능 → 효력발생시점 ┌ 추산되는 시점 : ○ └ 방해한 때 : ×
조건부 권리	일반규정에 의하여 처분, 상속, 보존 또는 담보 : ○
효력	원칙 : 조건 성취시 효력 발생(소급효 ×) 예외 : 당사자의 의사표시로 소급효 인정 ○ **비교** 기한 : 소급효 ×
입증책임	정지조건부 법률행위에 해당한다는 사실 → 법률효과의 발생을 다투려는 자 정지조건부 법률행위에 있어서 조건이 성취된 사실 → 권리를 취득하려는 자

제152조 【기한도래의 효과】
① 시기 있는 법률행위는 기한이 도래한 때로부터 그 효력이 생긴다. _{2019, 2020}
② 종기 있는 법률행위는 기한이 도래한 때로부터 그 효력을 잃는다. ₂₀₁₈

01 시기(始期) 있는 법률행위는 기한이 도래한 때로부터 그 효력을 **잃는다**. (　　)　　2022

02 종기(終期) 있는 법률행위는 기한이 도래한 때로부터 그 효력이 **생긴다**. (　　)　　2024

03 당사자가 불확정한 사실이 발생한 때를 이행기한으로 정한 경우 그 사실의 발생이 불가능하게 된 때에는 기한의 도래로 볼 수 **없다**. (　　)　　2023

04 기한부 법률행위의 당사자가 기한도래의 효력을 그 도래 전으로 소급하게 할 의사를 표시한 때에는 그 의사에 의한다. (　　)　　2023

━━━━━━━━━━ ✦ **Answer**

01 × **02** × **03** × **04** ×

제153조 【기한의 이익과 그 포기】

① 기한은 **채무자의 이익을 위한 것으로 추정한다.** 2018
② 기한의 이익은 이를 포기할 수 있다. 그러나 상대방의 이익을 해하지 못한다. 2015

01 기한은 **채권자의 이익을 위한 것으로 본다.** ( ) 2020

02 기한은 특별한 사정이 없는 한 채무자의 이익을 위한 것으로 추정한다. ( ) 2013, 2022, 2024

03 채무자가 담보를 손상하게 한 때에 그는 기한의 이익을 주장하지 못한다. ( ) 2024

04 기한의 이익이 상대방에게도 있는 경우에 당사자 일방은 그 상대방의 손해를 배상하고 기한의 이익을 포기할 수 있다. ( ) 2024

05 기한이익 상실의 특약은 특별한 사정이 없는 한 **정지조건부** 기한이익 상실의 특약으로 추정한다.
( ) 2023

✦ Answer

01 × 02 ○ 03 ○ 04 ○ 05 ×

더 알아보기

✦ 기한의 이익

상실약정 가능	① 정지조건부 기한이익 상실특약 ⟹ 별도의 의사표시 없이 이행기 도래
	② 형성권적 기한이익 상실특약 ⟹ 별도의 의사표시 있어야 이행기 도래
	①, ② 인지 불분명 ➡ 형성권적 기한이익 상실특약으로 추정

제154조 【기한부권리와 준용규정】

제148조와 제149조의 규정은 기한 있는 법률행위에 준용한다.

01 기한부권리는 일반규정에 의하여 처분할 수 있다. ( ) 2019

✦ Answer

01 ○

행정사
백운정 민법총칙

제 **6** 장

기간

제6장 │ 기간

제155조 【본장의 적용범위】
기간의 계산은 법령, 재판상의 처분 또는 법률행위에 다른 정한 바가 없으면 본장의 규정에 의한다.

01 기간의 계산에 관하여 **법률행위에서 다르게 정하고 있더라도 민법의 기간 계산방법이 우선한다**.
(   ) ^{2017, 2018}

02 기간의 계산에 관한 민법규정은 **강행규정**이다. (   )   2014

03 기간의 계산에 관한 민법규정은 기산일로부터 소급하여 계산되는 기간의 계산방법에 대하여 **적용되지 아니한다**. (   )   2014

04 사단법인의 사원총회일이 2016. 7. 19. 10시인 경우 늦어도 7. 12. **24시까지** 사원에게 총회소집 통지를 발신하면 된다. (   )   2013, 2016

05 민법상 기간의 계산에 관한 규정은 공법관계에는 **적용되지 않는다**. (   )   2017

───────────◆ **Answer**
01 ✕   **02** ✕   **03** ✕   **04** ✕   **05** ✕

제156조 【기간의 기산점】
기간을 <u>시, 분, 초로 정한 때에는 즉시로부터 기산한다</u>. ²⁰²²

01 기간을 시(時)로 정한 때에는 즉시로부터 기산한다. (   )   2021, 2024

02 시, 분, 초를 단위로 하는 기간은 자연적 계산방법에 따라 즉시부터 기산한다. (   )   2014

03 2015. 6. 10. 09시에 甲이 乙에게 자전거를 빌리면서 10시간 후에 반환하기로 한 경우, 甲은 乙에게 2015. 6. 10. 19시까지 반환하여야 한다. (   )   2013, 2015, 2023

───────────◆ **Answer**
01 ○   **02** ○   **03** ○

제157조【기간의 기산점】

기간을 일, 주, 월 또는 년으로 정한 때에는 기간의 초일은 산입하지 아니한다. 그러나 그 기간이 오전 0시로부터 시작하는 때에는 그러하지 아니하다.

01 기간이 오전 0시부터 시작하는 경우라고 하더라도 **초일을 산입하지 않는다.** (   ) 2017, 2022

02 내년 6월 1일부터 '4일 동안'이라고 하는 경우에 그 기산점은 내년 6월 1일이다. (   ) 2024

03 연령이 아닌 기간 계산에서 기간을 월(月)로 정한 경우, 그 기간이 오전 0시로부터 시작하는 때에는 초일을 산입한다. (   ) 2018

04 계약 기간의 기산점을 오는 7월 1일부터 기산하여 주(週)로 정한 때에는 기간의 **초일은 산입하지 아니한다.** (   ) 2021

05 기한을 일, 주, 월 또는 연으로 정한 때에 기간의 초일을 산입하지 아니하는 것은 **강행규정이며 당사자의 약정으로 달리 정할 수 없다.** (   ) 2015, 2016, 2023

Answer
01 × 02 ○ 03 ○ 04 × 05 ×

제158조【나이의 계산과 표시】

나이는 출생일을 산입하여 만(滿) 나이로 계산하고, 연수(年數)로 표시한다. 다만, 1세에 이르지 아니한 경우에는 월수(月數)로 표시할 수 있다.

01 연령을 계산할 때에는 출생일을 **산입하지 아니한다.** (   ) 2018, 2022

02 1세에 이른 사람의 나이는 출생일을 산입하여 만(滿) 나이로 계산하고 연수(年數)로 표시한다 (   ) 2024

03 정년이 60세라 함은 만 60세에 도달하는 날을 말하는 것이라고 보는 것이 상당하다. (   ) 2021, 2024

04 2000년 5월 25일 오후 11시에 출생한 자가 성년이 되는 때는 2019년 5월 25일 오전 0시이다. (   ) 2013, 2015, 2016, 2019, 2023

Answer
01 × 02 ○ 03 ○ 04 ○

제159조 【기간의 만료점】
기간을 일, 주, 월 또는 년으로 정한 때에는 기간말일의 종료로 기간이 만료한다. 2019

01 기간을 일, 주, 월 또는 년으로 정한 때에는 기간 말일의 **개시로** 만료한다. ( ) 2014

02 2016. 4. 30. 10시부터 2개월인 경우 2016. 6. 30. **10시로** 기간이 만료한다. ( ) 2013, 2016, 2020

Answer
01 × **02** ×

제160조 【역에 의한 계산】
① 기간을 주, 월 또는 년으로 정한 때에는 **역에 의하여** 계산한다. 2022
② 주, 월 또는 년의 처음으로부터 기간을 기산하지 아니하는 때에는 최후의 주, 월 또는 년에서 그 기산일에 해당한 날의 **전일로** 기간이 만료한다.
③ 월 또는 년으로 정한 경우에 최종의 월에 해당일이 없는 때에는 그 월의 **말일로** 기간이 만료한다.

01 기간을 주(週)로 정한 때에는 역(曆)에 의하여 계산한다. ( ) 2018

02 2015. 5. 31. 09시부터 1개월인 경우, 2015. 6. 30. 24시에 기간이 만료한다. ( ) 2015

03 주, 월 또는 연(年)의 처음으로부터 기간을 기산하지 아니하는 때에는 최후의 주, 월 또는 연 (年)에서 **그 기산일에 해당한 날로** 기간이 만료한다. ( ) 2013, 2017, 2020

04 기간을 월(月)로 정한 경우에 최종의 월에 해당일이 없는 때에는 그 월의 말일로 기간이 만료 한다. ( ) 2021

Answer
01 ○ **02** ○ **03** × **04** ○

제161조【공휴일과 기간의 만료점】

기간의 말일이 **토요일 또는 공휴일에 해당한 때**에는 기간은 그 **익일로 만료**한다. [2021]

01 기간의 말일이 토요일인 때에는 기간은 **그 전일**로 만료한다. (   ) [2018]

02 초일이 공휴일이라고 해서 다음날부터 기간을 기산하는 것은 아니다. (   ) [2017]

03 기간의 **초일(初日)**이 공휴일에 해당한 때에는 기간은 그 **익일부터** 기산한다. (   )

[2015, 2016, 2018, 2022, 2023 사례]

04 어느 기간의 말일인 6월 4일이 토요일이고 6월 6일이 공휴일인 경우 그 기간은 6월 7일에 만료한다. (   ) [2024]

05 甲은 乙에게 1천만 원을 빌려주면서 대여기간을 각 대여일로부터 1개월로 약정한 경우, 대여일이 7월 15일 17시라면 변제기는 8월 15일(공휴일)의 익일인 8월 16일 24시이다. (   ) [2020]

──────────── ✦ **Answer**

01 ✕ **02** ○ **03** ✕ **04** ○ **05** ○

제6장

➕ 더 알아보기

✦ **기간의 계산**

시, 분, 초	즉시로부터 기산
일, 주, 월 또는 년으로 정한 경우	① 기산점 ─ 원칙: 초일불산입 　　　　　└ 예외: ⅰ) 오전 0시로부터 시작하는 때 　　　　　　　　 ⅱ) 연령계산 ② 만료일 ─ 원칙: 기간 말일의 종료로 만료 　　　　　└ 예외: 말일이 토요일 또는 공휴일에 해당한 때에는 그 익일로 만료 ③ 주, 월 또는 년: 역(曆)에 의한 계산 　　├ 처음으로부터 기간을 기산하지 아니하는 때: 　　│　⇒ 최후의 주, 월 또는 년에서 그 기산일에 해당한 날의 **전일**로 만료 　　└ 월 또는 년에 최종의 월에 해당일이 없는 때: 그 월의 **말일**로 만료

행정사
백운정 민법총칙

소멸시효

제7장　소멸시효

01 제척기간의 기산점은 특별한 사정이 없는 한 원칙적으로 권리가 발생한 때이다. (　　) 2020

02 소멸시효 완성에 의한 권리소멸은 **법원의 직권조사사항**이지만, 제척기간에 의한 권리의 소멸은 **원용권자가 이를 주장하여야 한다.** (　　) 2022

03 소멸시효는 그 성질상 기간의 중단이 있을 수 **없지만**, 제척기간은 권리자의 청구가 있으면 **기간이 중단된다.** (　　) 2020, 2022

04 소멸시효가 완성되면 그 기간이 경과한 때부터 **장래에 향하여** 권리가 소멸하지만, 제척기간이 완성되면 **그 기산일에 소급하여** 권리가 소멸한다. (　　) 2022

05 소멸시효가 완성된 이후 그 이익을 포기하는 것은 원칙적으로 인정되지만, 제척기간은 그 포기가 인정되지 않는다. (　　) 2022

06 매도인의 하자담보책임에 기한 매수인의 손해배상청구권과 같이 청구권에 관하여 제척기간을 정하고 있는 경우에는 제척기간이 적용되므로 소멸시효는 당연히 적용될 수 **없다.** (　　) 2022

07 인격권은 **소멸시효의 대상이 되는 권리이다.** (　　) 2019

08 점유권은 시효에 걸리지 아니한다. (　　) 2021, 2024

09 점유자가 점유를 상실하면 그때로부터 점유권의 **소멸시효가 진행된다.** (　　) 2020

10 소유권은 **소멸시효의 대상이 되는 권리이다.** (　　) 2019, 2020

11 소유권에 기한 물권적 청구권은 소멸시효에 걸리지 아니한다. (　　) 2024

12 甲이 자신 소유의 토지를 乙에게 매도하고 乙은 甲에게 매매대금을 모두 지급하였다. 乙이 위 매매계약에 기하여 甲으로부터 X토지에 대해 소유권이전등기를 경료받았으나 이후 甲과 乙의 매매계약이 적법하게 **취소**되어 甲이 乙을 상대로 **소유권에 기한 말소등기청구권 소멸시효가 진행된다.** (　　) 2022

13 근저당권설정등기청구권은 피담보채권에 부종하는 청구권이므로 **독자적인 시효기간의 적용을 받지 아니한다.** (　　) 2014

> **Answer**
>
> 01 ○　02 ×　03 ×　04 ×　05 ○　06 ×　07 ×　08 ○　09 ×　10 ×
> 11 ○　12 ×　13 ×

더 알아보기

✦ 소멸시효와 제척기간의 비교

구분	소멸시효	제척기간
제도취지	사회질서의 안정, 입증곤란의 구제, 권리행사 태만에 대한 제재	법률관계의 조속한 확정
구별기준	'시효로 인하여'라는 표현 ○	'시효로 인하여'라는 표현 ×
기산점	권리를 행사할 수 있는 때	권리가 발생한 때
소멸시기	시효완성으로 권리 **소급적** 소멸	제척기간 경과로 **장래**를 향하여 소멸
소송상 취급	**항변**사항	**직권**조사사항
주장의 요부	○	×
중단·정지	○	×
포기제도	시효완성 후 포기 가능	불가
단축·경감	가능	불가
배제·연장	불가	

✦ 소멸시효의 대상인 권리

소멸시효에 걸리는 권리	채권	채권적 청구권(부당이득반환청구권, 손해배상청구권 등) 포함 단, '등기청구권'은 예외가 존재(판례)
	소유권외의 재산권	[1] 용익물권(지상권, 지역권) - 시효대상 ○ [2] 공법상 권리(국세징수권 등) - 시효대상 ○

소멸시효에 걸리지 않는 권리	[1] 소유권, 점유권, 유치권 [2] 물권적 청구권 [3] 담보물권 : 부종성에 의해 피담보채권과 분리되어 소멸시효에 걸리지 않음 [4] 상린권, 공유물분할청구권 [5] 형성권은 소멸시효대상이 아니고, 언제나 제척기간의 대상(판례) [6] 항변권 : 상대방이 청구권을 행사하지 않으면 구체적으로 발생하지 않는 권리 [7] 비재산권(신분권, 인격권 등)

제162조 【채권, 재산권의 소멸시효】

① **채권**은 **10년간** 행사하지 아니하면 소멸시효가 완성한다.

② 채권 및 소유권 이외의 재산권은 **20년간** 행사하지 아니하면 소멸시효가 완성한다.

01 해제조건부 채권은 소멸시효의 대상이 되는 권리이다. (   ) 　　　　　2019

02 불확정기한부 채권은 소멸시효의 대상이 되는 권리이다. (   ) 　　　　　2019

03 부동산 매수인이 목적 부동산을 **인도받아 계속 점유하고 있는 경우** 매수인의 소유권 이전등기 청구권은 채권이므로 **소멸시효가 진행한다.** (   ) 　　　　　2024

04 채권 및 소유권 이외의 재산권은 **10년간** 행사하지 아니하면 시효가 완성한다. (   ) 　2021

05 甲이 乙에게 부동산을 매도한 경우, 甲의 매매대금채권의 소멸시효기간은 10년이다. (   ) 2024

06 채권은 10년, 소유권 이외의 재산권은 20년 동안 행사하지 않으면 소멸시효가 완성됨이 원칙이다. (   ) 　　　　　2013

07 어떤 권리의 소멸시효기간이 얼마나 되는지에 대해서 법원은 **당사자의 주장에 따라 판단하여야** 한다. (   ) 　　　　　2019, 2023

→ **Answer**

01 ○ **02** ○ **03** × **04** × **05** ○ **06** ○ **07** ×

제163조 【3년의 단기소멸시효】

다음 각 호의 채권은 **3년간** 행사하지 아니하면 소멸시효가 완성한다.

1. 이자, 부양료, 급료, 사용료 기타 **1년 이내의 기간으로** 정한 금전 또는 물건의 지급을 목적으로 한 채권
2. 의사, 조산사, 간호사 및 약사의 치료, 근로 및 조제에 관한 채권
3. 도급받은 자, 기사 기타 공사의 설계 또는 감독에 종사하는 자의 공사에 관한 채권
4. 변호사, 변리사, 공증인, 공인회계사 및 법무사에 대한 직무상 보관한 서류의 반환을 청구하는 채권
5. 변호사, 변리사, 공증인, 공인회계사 및 법무사의 직무에 관한 채권
6. 생산자 및 상인이 판매한 생산물 및 상품의 대가
7. 수공업자 및 제조자의 업무에 관한 채권

01 의사의 치료비 채권은 1년의 단기소멸시효에 걸리는 채권이다. (　　) 2017, 2023

02 도급받은 자의 공사에 관한 채권은 3년의 소멸시효기간의 적용을 받는 채권이다. (　　) 2023

03 공인회계사의 직무에 관한 채권은 3년의 소멸시효기간의 적용을 받는 채권이다. (　　) 2023

04 **세무사의 직무에 관한 채권은 3년의 소멸시효기간의 적용**을 받는 채권이다. (　　) 2023

05 생산자 甲이 乙에게 생산물을 판매한 경우, 甲의 생산물대금채권의 소멸시효기간은 3년이다. (　　) 2024

06 수공업자의 업무에 관한 채권은 3년의 소멸시효기간의 적용을 받는 채권이다. (　　) 2023

◆ **Answer**

01 × **02** ○ **03** ○ **04** × **05** ○ **06** ○

제164조【1년의 단기소멸시효】
다음 각 호의 채권은 1년간 행사하지 아니하면 소멸시효가 완성한다.
　1. 여관, 음식점, 대석, 오락장의 숙박료, 음식료, 대석료, 입장료, 소비물의 대가 및 체당금의 채권
　2. 의복, 침구, 장구 기타 동산의 사용료의 채권
　3. 노역인, 연예인의 임금 및 그에 공급한 물건의 대금채권
　4. 학생 및 수업자의 교육, 의식 및 유숙에 관한 교주, 숙주, 교사의 채권

01 여관의 숙박료 채권은 1년의 단기소멸시효에 걸리는 채권이다. (　　) 2017, 2022

02 음식점의 음식료 채권은 1년의 단기소멸시효에 걸리는 채권이다. (　　) 2017, 2021, 2022

03 의복 등의 동산 사용료 채권은 1년의 단기소멸시효에 걸리는 채권이다. (　　) 2017, 2022, 2024

04 노역인의 임금채권은 1년의 단기소멸시효에 걸리는 채권이다. (　　) 2017

05 연예인의 임금채권은 1년의 단기소멸시효에 걸리는 채권이다. (　　) 2022

06 甲이 연예인 乙에게 물건을 공급한 경우, 甲의 물건공급대금채권의 소멸시효기간은 1년이다. (　　) 2024

07 甲교사의 강의를 乙학생이 수강한 경우, 甲의 수강료채권의 소멸시효기간은 1년이다. (　　)

2024

08 어떤 채권이 1년의 단기소멸시효에 걸리는 경우, 그 채권의 발생원인이 된 계약에 기하여 상대방이 가지는 **반대채권도 당연히 1년의 단기소멸시효에 걸린다.** (　　)

2019

◆ **Answer**

01 ○　02 ○　03 ○　04 ○　05 ○　06 ○　07 ○　08 ×

제165조【판결 등에 의하여 확정된 채권의 소멸시효】
① 판결에 의하여 확정된 채권은 단기의 소멸시효에 해당한 것이라도 그 소멸시효는 10년으로 한다. 2017
② 파산절차에 의하여 확정된 채권 및 재판상의 화해, 조정 기타 판결과 동일한 효력이 있는 것에 의하여 확정된 채권도 전항과 같다.
③ 전2항의 규정은 판결확정 당시에 변제기가 도래하지 아니한 채권에 적용하지 아니한다.

01 판결에 의하여 확정된 채권은 **1년의 단기소멸시효에 걸리는 채권이다.** (　　)

2022

02 음식점의 음식료에 대한 채권이 판결에 의하여 확정된 경우, 그 소멸시효기간은 **1년**이다.

(　　)　2013

03 판결에 의하여 확정되고 판결확정 당시에 변제기가 도래한 채권은 단기소멸시효에 해당한 것이라도 그 판결의 당사자 사이에서 그 시효기간은 10년으로 한다. (　　)

2024

04 파산절차에 의하여 확정된 채권이 확정 당시에 변제기가 이미 도래한 경우, 그 시효는 10년으로 한다. (　　)

2018

05 판결에 의하여 확정된 채권은 판결확정 당시에 **변제기가 도래하지 않아도** 10년의 소멸시효에 걸린다. (　　)

2019

◆ **Answer**

01 ×　02 ×　03 ○　04 ○　05 ×

더 알아보기

✦ 소멸시효의 기간 (변론주의 적용 × ⇒ 직권조사사항)

소멸시효의 기간	권리
20년(제162조 제2항)	지상권 · 지역권
10년(제162조 제1항)	민사채권 ⇔ 상사채권 5년
3년(제163조)	1. 1년 이내의 기간으로 정한 채권 ⇒ 1년 이내 **정기로** 지급 3. 도급 받은 자의 공사에 관한 채권 ⇒ 공사채권 + 부수 채권(제666조의 저당권설정청구권) 4. 5. 변호사, 변리사, 공증인, 공인회계사 및 법무사 ⇒ 유사 직무인 **세무사 유추적용 ×**
1년(제164조)	1. 음식료 3. 노역인, 연예인의 임금채권 ⇒ 반대채권 1년 ×
3년 or 1년 ➡ 10년 (제165조)	① 단기소멸시효(3년 or 1년) - 대상 要 ② 확정판결 - 동일시 ○ ⇒ 지급명령 ○

제166조 【소멸시효의 기산점】

① 소멸시효는 **권리를 행사할 수 있는 때**로부터 진행한다.
② <u>부작위를 목적으로 하는 채권의 소멸시효는 위반행위를 한 때</u>로부터 진행한다. ^{2013, 2017, 2018, 2020, 2021, 2023}

01 본래의 소멸시효 기산일과 당사자가 주장하는 기산일이 서로 다른 경우에 법원은 당사자가 주장하는 기산일을 기준으로 소멸시효를 계산해야 한다. (　　) 2019

02 소멸시효의 기산점이 되는 '권리를 행사할 수 있는 때'란 권리를 행사하는 데 있어 **사실상의 장애가 없는 경우**를 말한다. (　　) 2019

03 시효는 권리 행사에 법률상의 장애사유가 없는 때로부터 진행한다. (　　) 2021

04 건물이 완공되지 않아 소유권이전등기청구권을 행사할 수 없었다는 사유는 그 청구권의 소멸시효의 진행을 막는 **법률상의 장애사유가 되지 아니한다.** (　　) 2014

05 변제기가 확정기한인 때에는 그 기한이 도래한 때부터 기산된다. (　　) 2017, 2020

06 변제기가 불확정기한인 때에는 채권자가 **기한도래의 사실을 안 때부터** 기산된다. (　　)
∵ 객관적으로 도래한 때 2020, 2023

07 기한을 정하지 않은 권리의 소멸시효는 권리가 발생한 때로부터 진행한다. (   ) ₂₀₁₄

08 기한의 정함이 없는 채권은 <u>그 채권이 발생한 때부터 기산된다</u>. (   ) ₂₀₂₀
∵ 언제나 행사가 가능하므로 채권성립시부터

09 동시이행의 항변권이 붙은 채권의 소멸시효는 그 이행기로부터 진행한다. (   ) ₂₀₁₇

10 부동산에 대한 매매대금채권이 소유권이전등기청구권과 동시이행의 관계에 있는 경우 매매대금청구권은 그 지급기일 이후 시효의 진행에 걸린다. (   ) ₂₀₂₃

11 정지조건부 권리는 조건이 성취된 때부터 시효가 진행된다. (   ) _{2017, 2020, 2021}

12 채무불이행으로 인한 손해배상청구권의 소멸시효는 **계약이 성립한 때로부터** 진행한다. (   )
∵ 채무불이행시 ₂₀₁₇

13 甲이 자신 소유의 토지를 乙에게 매도하고 乙은 甲에게 매매대금을 모두 지급하였다. 甲을 상대로 위 매매계약에 기하여 X토지에 대해 乙의 소유권이전등기청구권은 특별한 사정이 없는 한 소멸시효가 진행된다. (   ) ₂₀₂₂

14 甲이 자신 소유의 토지를 乙에게 매도하고 乙은 甲에게 매매대금을 모두 지급하였다. **乙이 위 매매계약에 기하여 甲으로부터 X토지를 인도받아 사용·수익**하고 있으나 아직 甲의 명의로 소유권이전등기가 남아 있는 경우, 甲을 상대로 한 X토지에 대해 乙의 소유권이전등기청구권은 **소멸시효가 진행된다.** (   ) ₂₀₂₂

◆ **Answer**

01 ○ 02 × 03 ○ 04 × 05 ○ 06 × 07 ○ 08 ○ 09 ○ 10 ○
11 ○ 12 × 13 ○ 14 ×

더 알아보기

✦ **소멸시효의 기산점**

구분	소멸시효의 기산점
확정기한부 권리(채무)	기한 도래
불확정기한부 권리(채무)	객관적으로 기한이 도래한 때
기한없는 권리(채무)	채권 성립시(권리발생시)
채무불이행에 의한 손해배상청구권	① 이행지체의 경우 채무불이행시 ② 이행불능의 경우 이행불능시
불법행위에 의한 손해배상청구권	① 3년 – 손해 및 가해자를 안 날 ② 10년 – 불법행위를 한 날
정지조건부, 시기부 권리	조건, 기한 도래시
동시이행항변권 붙은 채권	이행기 도래시
부작위채권	위반행위시(제166조 제2항)
선택채권	선택가능시

제167조【소멸시효의 소급효】
소멸시효는 그 기산일에 소급하여 효력이 생긴다. 2014, 2018, 2021, 2024

01 소멸시효가 완성되면 그 기산일에 소급하여 권리소멸의 효과가 생긴다. (   )   2020

02 시효기간 만료로 인한 권리의 소멸은 시효의 이익을 받은 자가 시효완성의 항변을 하지 않으면 그 의사에 반하여 재판할 수 없다. (   )   2018, 2021

03 시효를 원용할 수 있는 사람은 권리의 소멸에 의하여 직접 이익을 받는 사람에 한정된다.
(   )   2021

04 담보가등기가 경료된 부동산을 양수하여 소유권이전등기를 마친 자는 그 가등기담보권에 의하여 담보된 채권의 채무자가 시효이익을 포기한 경우 **독자적으로 시효이익을 주장할 수 없다.**
(   )   2016

✦ **Answer**

01 ○   02 ○   03 ○   04 ×

더 알아보기

✦ 소멸시효완성의 효과

권리소멸	기산일로 소급효
주장요부	변론주의 적용(주장 필요) ※ 소멸시효 ┬ 기산점: 변론주의 대상 ○ └ 기간: 변론주의 대상 ×, 직권 판단
주장자	직접 이익 받는 자 ┬ 물상보증인, 담보물권의 제3취득자 ○ └ 채무자의 일반채권자 ×
완성 후 변제	알고 변제한 것으로 추정 → 제742조, 제744조에 의해 유효한 변제가 됨
시효이익 포기	완성 후 포기 가능

제168조 【소멸시효의 중단사유】

소멸시효는 다음 각 호의 사유로 인하여 중단된다.

  1. 청구
  2. 압류 또는 가압류, 가처분
  3. 승인

01 당연무효의 가압류·가처분은 소멸시효의 중단사유에 해당하지 않는다. (   )   2015

02 가압류의 피보전채권에 관하여 **본안의 승소판결이 확정되면** 가압류에 의한 시효중단의 효력은 **당연히 소멸한다.** (   )   2023

03 승인은 소멸시효의 진행이 개시된 이후에만 가능하고, 그 이전에는 승인을 하더라도 시효가 중단되지 않는다. (   )   2014, 2015

04 현존하지 않는 장래의 채권을 시효진행이 개시되기 전에 미리 승인하는 것도 **허용된다.** (   )   2021

05 채무의 일부변제도 채무승인으로서 시효중단사유가 될 수 있다. (   )   2018

06 시효완성 전에 한 채무의 일부변제는 특별한 사정이 없는 한 시효중단사유가 될 수 있다. (   )   2021

07 채무승인이 있었다는 사실은 이를 주장하는 채권자 측에서 증명하여야 한다. (   )   2018

08 시효중단으로서의 채무의 승인은 준법률행위에 해당한다. (　　) 2023

09 시효이익을 받을 본인의 대리인은 소멸시효 중단사유인 채무의 승인을 할 수 있다. (　　) 2023

10 비법인사단이 총유물을 매도한 후 그 대표자가 매수인에게 소유권이전등기의무에 대하여 시효중단의 효력이 있는 승인을 하는 경우에 있어 사원총회의 결의를 거치지 아니하였다면 그 승인은 **무효이다.** (　　) 2016

→ Answer

01 ○　02 ×　03 ○　04 ×　05 ○　06 ○　07 ○　08 ○　09 ○　10 ×

제169조【시효중단의 효력】
시효의 중단은 <u>당사자 및 그 승계인 간에만</u> 효력이 있다. 2024

01 시효의 중단은 당사자 및 그 승계인 사이에만 효력이 있는 것이 원칙이다. (　　) 2021

02 소멸시효의 중단은 <u>그 당사자 사이에만</u> 효력이 생긴다. (　　) 2014, 2017

—→ Answer

01 ○　02 ×

제170조【재판상의 청구와 시효중단】
① 재판상의 청구는 소송의 각하, 기각 또는 취하의 경우에는 시효중단의 <u>효력이 없다.</u>
② 전항의 경우에 **6개월 내에** 재판상의 청구, 파산절차 참가, 압류 또는 가압류, 가처분을 한 때에는 시효는 <u>최초의 재판상 청구로 인하여 중단된 것으로 **본다.**</u>

01 채무자가 제기한 소에 대하여 채권자가 응소하여 그 소송에서 적극적으로 권리를 주장하고 그것이 받아들여진 경우 재판상의 청구가 될 수 있다. (　　) 2021, 2024

02 물상보증인이 피담보채무의 부존재를 이유로 제기한 저당권설정등기 말소청구소송에서 저당권자가 청구기각의 판결을 구하였다면 이를 **직접 채무자에 대한 재판상 청구로 볼 수 있다.**
(　　) 2014

03 물상보증인이 채권자를 상대로 채무자의 채무가 모두 소멸하였다고 주장하면서 근저당권말소 청구소송을 제기하였는데 채권자가 피고로서 응소하여 적극적으로 권리를 주장하고 받아들여진 경우에도 그 채권의 소멸시효는 중단되지 않는다. (   )   2016

04 승소 확정판결을 받은 채권자가 그 판결상 채권의 시효중단을 위해 후소를 제기하는 경우 재판상 청구가 있다는 점에 대하여만 확인을 구하는 형태의 새로운 방식의 확인소송은 **허용될 수 없다.** (   )   2024

05 재판상의 청구는 그 소송이 취하된 경우에는 그로부터 6개월 내에 다시 재판상의 청구 등을 하지 않는 한 소멸시효 중단의 효력이 없다. (   )   2015

06 재판상의 청구를 한 후에 소의 각하가 있고 6월 내에 다시 재판상의 청구를 한 경우, 소멸시효는 **다시 재판상의 청구를 한 때로부터** 중단된 것으로 본다. (   )   2013

Answer

01 ○ 02 × 03 ○ 04 × 05 ○ 06 ×

제171조【파산절차 참가와 시효중단】
파산절차 참가는 채권자가 이를 취소하거나 그 청구가 각하된 때에는 시효중단의 효력이 없다.

01 파산절차 참가는 채권자가 이를 취소한 때에는 시효중단의 효력이 없다. (   )   2013

Answer

01 ○

제172조【지급명령과 시효중단】
지급명령은 채권자가 법정기간 내에 가집행신청을 하지 아니함으로 인하여 그 효력을 잃은 때에는 시효중단의 효력이 없다.

01 지급명령 신청은 시효중단 사유가 **아니다.** (   )   2013

02 지급명령에 의한 시효중단의 효과는 지급명령을 신청한 때에 발생한다. (   )   2023

Answer

01 × 02 ○

제173조【화해를 위한 소환, 임의출석과 시효중단】

화해를 위한 소환은 상대방이 출석하지 아니하거나 화해가 성립되지 아니한 때에는 1개월 내에 소를 제기하지 아니하면 시효중단의 효력이 없다. 임의출석의 경우에 화해가 성립되지 아니한 때에도 그러하다.

01 화해를 위한 소환은 상대방이 출석하지 아니한 때에는 화해신청인이 1월 내에 소를 제기하지 아니하면 시효중단의 효력이 없다. (   )
2024

02 임의출석의 경우에 화해가 성립되지 아니한 때에는 1월 내에 소를 제기하지 아니하면 시효중단의 효력이 없다. (   )
2013, 2021

--◆ **Answer**

01 ○ **02** ○

제174조【최고와 시효중단】

최고는 6개월 내에 재판상의 청구, 파산절차 참가, 화해를 위한 소환, 임의출석, 압류 또는 가압류, 가처분을 하지 아니하면 시효중단의 효력이 없다.

➡ 재판상 청구가 각하, 기각 또는 취하된 경우와 달리 최고의 경우에는 화해를 위한 소환, 임의출석도 포함된다는 점에서 다르다는 점에 주의를 요한다.

🔎 최고 후 확정적 시효중단을 위한 보완조치에, 민법 제174조를 유추적용하여 채무의 승인이 포함된다(대판 2022.7.28, 2020다46663).

제175조【압류, 가압류, 가처분과 시효중단】

압류, 가압류 및 가처분은 권리자의 청구에 의하여 또는 법률의 규정에 따르지 아니함으로 인하여 취소된 때에는 시효중단의 효력이 없다.

제176조【압류, 가압류, 가처분과 시효중단】

압류, 가압류 및 가처분은 시효의 이익을 받을 자에 대하여 하지 아니한 때에는 이를 그에게 통지한 후가 아니면 시효중단의 효력이 없다.

01 물상보증인의 부동산을 압류한 경우에 그 사실을 주채무자에게 통지한 후가 아니면 그 주채무자에게 시효중단의 효력이 없다. (   )
2013

02 채권자가 물상보증인의 소유인 부동산에 경료된 근저당권을 실행하기 위하여 경매를 신청한 경우, 그 경매와 관련하여 **채무자에게 압류사실이 통지되었는지 여부와 무관하게** 소멸시효 중단의 효력이 발생한다. (   )
2016

--◆ **Answer**

01 ○ **02** ✕

제177조【승인과 시효중단】
시효중단의 효력 있는 승인에는 상대방의 권리에 관한 **처분의 능력이나 권한 있음을 요하지 아니한다.**
2014, 2015, 2018, 2023

제178조【중단 후에 시효진행】
① 시효가 중단된 때에는 중단까지에 경과한 시효기간은 이를 산입하지 아니하고 중단사유가 **종료한 때로부터 새로이 진행한다.**
② 재판상의 청구로 인하여 중단된 시효는 전항의 규정에 의하여 **재판이 확정된 때로부터** 새로이 진행한다.

01 권리자의 청구로 소멸시효가 중단된 경우 그때까지 경과된 기간은 시효기간에 **산입된다.** (　　)
2020

02 시효중단사유가 종료하면 **남은 시효기간이 경과함으로써** 소멸시효는 완성된다. (　　) 2017

03 시효의 중단사유가 재판상의 청구인 때에는 중단까지 경과한 시효기간은 이를 산입하지 아니하고 재판이 확정된 때로부터 새로이 시효가 진행한다. (　　) 2014, 2023

04 대여금 채권의 소멸시효가 진행하는 중 채권자가 채무자 소유의 부동산에 가압류집행을 함으로써 소멸시효의 진행을 중단시킨 경우 **그 기입등기일로부터** 새롭게 소멸시효기간이 진행한다.
(　　) 2016

05 부동산의 가압류로 중단된 시효는 특별한 사정이 없는 한, 가압류등기가 말소된 때로부터 새로이 진행된다. (　　)
2018

◆ **Answer**

01 × **02** × **03** ○ **04** × **05** ○

더 알아보기

✦ **소멸시효 ⇒ 변론주의 적용 여부**

1. 소멸시효 완성의 항변 : 변론주의 적용 ○ → 채무자의 주장 필요

① 소멸시효의 기산점 : 변론주의 적용 ○　∴ 당사자 의사에 구속

비교 취득시효 기산점 : 변론주의 적용 ×

② 소멸시효의 기간 : 변론주의 적용 ×　∴ 법률사항, 법원이 직권판단

2. 소멸시효 중단의 재항변 : 변론주의 적용 ○ → 권리자의 주장 필요

✦ 소멸시효 중단

사유	요건	효과
청구	1. **재판상 청구** 　① **민사소송**: 확인의소, 반소 등 모두 포함 　　　└, 형사소송 ×, 행정소송 × 　② 원칙: 적극적 청구 ○ 　　　예외: 소극적 청구(응소) ┬ ⅰ) **채무자**의 소제기 　　　　　　　　　　　　　　└, 물상보증인 × 　　　　　　　　　　　├ ⅱ) 자신의 권리: 적극적 주장 　　　　　　　　　　　└ ⅲ) 법원: 인정 (권리자 승소) 　③ 일부청구 　　　├ **명시** ○: 일부만 시효중단 　　　└ **명시** ×: 전부 구하는 취지로 해석 　　　　　　　　→ 동일성 범위 內 전부 시효중단 　④ 재판상 청구 → 소각하, 청구기각, 소취하 ┬ 중단효력 × 　　　　　　　　　　　　　　　　　　└ but 최고 ○ 2. **지급명령** ┬ 청구 포함 ○ 　　　　　　└ 중단시기: 지급명령 신청시 3. **파산절차 참가** – 청구 포함 ○ 4. **화해를 위한 소환, 임의출석** – 청구 포함 ○ 5. **최고**(= 이행청구) 　① 청구 포함 × → 중단 효력 × 　② but ┬ ⅰ) 6개월 내 　　　　├ ⅱ) 재판상 **청구**, 파산절차 참가, 　　　　　　　화해를 위한 소환, 임의출석, 　　　　　　　**압류 또는 가압류, 가처분** 중 하나 ○ 　　　　　　　+ 승인(判: 유추적용) 　　　　└ ⅲ) 최고시 중단효력 ○	1. **종료** 　└, 새로이 진행 　ⅰ) 재판상 청구 　　　└, 판결확정시 　ⅱ) 압류 　　　└, 집행종료시 　ⅲ) 승인 　　　└, 승인시 2. **인적 범위** 　ⅰ) 원칙: 　　　당사자 & 승계인 　ⅱ) 예외: 　　　주채무자에 　　　대한 청구 　　　→ 보증인에도 　　　　중단 효력 　　　(제440조)
압류 또는 가압류, 가처분	1. **상대방** 　ⅰ) 채무자(시효이익 받을 자)에게 한 경우: 채무자에게 중단 효력 ○ 　ⅱ) 채무자 외(물상보증인)에게 한 경우: for **채무자에게** 중단 효력 　　　　　　　　　　　　　　　　└, 채무자에게 통지하여야 함 2. **가압류등기 말소**: 중단사유 종료 → 그때부터 새로이 소멸시효 진행 3. **재판상 청구와 관계** 　재판상 청구로 시효중단 효력 → 가압류 시효중단 효력 흡수 ×: 계속 ○	
승인	1. **성질** ┬ 의사표시가 아닌 **준법률행위**: 관념의 통지 　　　　　└ 처분능력, 처분권한 × 2. **방법** ┬ 상대방: 채권자 ○ 　　　　　│　　　└, 피의자신문조서작성: 검사상대로 승인 × 　　　　　└ 묵시적 ○ (일부변제, 기한유예의 요청) 3. **시기** – 소멸시효 개시 후 완성 전까지 　　　　└, 사전승인 ×, └, 완성 후 × 　　　　　장래채권 ×	

제179조【제한능력자의 시효정지】
소멸시효의 기간만료 전 6개월 내에 제한능력자에게 법정대리인이 없는 경우에는 그가 능력자가 되거나 법정대리인이 취임한 때부터 6개월 내에는 시효가 완성되지 아니한다.

제180조【재산관리자에 대한 제한능력자의 권리, 부부 사이의 권리와 시효정지】
① 재산을 관리하는 아버지, 어머니 또는 후견인에 대한 제한능력자의 권리는 그가 능력자가 되거나 후임 법정대리인이 취임한 때부터 6개월 내에는 소멸시효가 완성되지 아니한다.
② 부부 중 한쪽이 다른 쪽에 대하여 가지는 권리는 혼인관계가 종료된 때부터 6개월 내에는 소멸시효가 완성되지 아니한다. 2015

제181조【상속재산에 관한 권리와 시효정지】
상속재산에 속한 권리나 상속재산에 대한 권리는 상속인의 확정, 관리인의 선임 또는 파산선고가 있는 때부터 6개월 내에는 소멸시효가 완성하지 아니한다. 2024

제182조【천재 기타 사변과 시효정지】
천재 기타 사변으로 인하여 소멸시효를 중단할 수 없을 때에는 그 사유가 종료한 때부터 1개월 내에는 시효가 완성하지 아니한다. 2013, 2024

01 천재 기타 사변으로 인하여 소멸시효를 중단할 수 없는 경우에는 **그 사유가 종료한 때**에 시효가 완성된다. (   ) 2018

→ **Answer**
01 ×

제183조【종속된 권리에 대한 소멸시효의 효력】
주된 권리의 소멸시효가 완성한 때에는 종속된 권리에 그 효력이 미친다. 2024

01 주된 권리의 소멸시효가 완성되어도 종속된 권리에는 그 영향을 **미치지 않는다.** (   ) 2017

02 원본채권이 시효로 소멸하면, 변제기가 도래하지 아니한 이자채권도 소멸한다. (   ) 2013

→ **Answer**
01 × 02 ○

제184조【시효의 이익의 포기 기타】
① 소멸시효의 이익은 **미리 포기하지 못한다.** [2024]
② 소멸시효는 법률행위에 의하여 이를 배제, 연장 또는 가중할 수 없으나 이를 <u>단축 또는 경감할 수</u> <u>있다.</u>

01 시효완성 후 시효이익의 포기는 허용되지만, 시효완성 전 시효이익의 포기는 허용되지 않는다.
(   ) [2013, 2018]

02 소멸시효의 이익을 포기하기 위해서는 원칙적으로 소멸시효의 완성사실을 알아야 한다. (   ) [2020]

03 시효이익의 포기는 그 의사표시로 인하여 권리에 직접적인 영향을 받는 상대방에게 도달한
때에 그 효력이 발생한다. (   ) [2018]

04 시효완성 후 당해 채무의 이행을 채무자가 약정한 경우에는 특별한 사정이 없는 한, 시효이익을
포기한 것으로 보아야 한다. (   ) [2018]

05 시효이익을 포기한 경우에는 그때부터 새로이 소멸시효가 진행한다. (   ) [2018, 2021]

06 채무자가 소멸시효 완성 후 채권자에 대하여 채무 일부를 변제함으로써 시효의 이익을 포기한
경우 포기한 때로부터 새로이 소멸시효가 진행한다. (   ) [2024]

07 주채무자가 시효이익을 포기하면 **보증인에게도 그 효과가 미친다.** (   ) [2018]

08 소멸시효는 특약에 의하여 이를 배제, 연장 또는 가중할 수 **있다.** (   ) [2017]

09 소멸시효는 법률행위에 의하여 이를 배제할 수 없으나 연장할 수는 **있다.** (   ) [2024]

10 시효는 법률행위에 의하여 이를 배제하거나 **경감**할 수 없다. (   ) [2021]

◆ **Answer**

01 ○   02 ○   03 ○   04 ○   05 ○   06 ○   07 ×   08 ×   09 ×   10 ×

더 알아보기

✦ 시효이익의 포기

성질	처분행위 → 효과의사 ○ ├ 처분능력, 처분권한 ○ └ 시효완성사실을 알고서 하여야 함 → 알고 표기한 것으로 추정(判)
방법	1. 당사자: 당사자 or 대리인에 한정 → **상대방**: 진정한 채권자 2. 묵시적: ① 일부변제 ┬ 액수에 다툼이 없는 한 채무 전체 승인 　　　　　　　　　　└ 가분채무에 일부 포기 가능 　　　　　　② 기한유예의 요청
사전포기 금지	사후포기 가능
효과	상대적 효력: 주채무자의 시효이익 포기 → 보증인 ×, 물상보증인 ×, 제3취득자 ×

2025 박문각 행정사 1차
백운정 **민법총칙** 합격이 보이는 조문&기출

초판인쇄 | 2024. 9. 5. **초판발행** | 2024. 9. 10. **편저자** | 백운정

발행인 | 박 용 **발행처** | (주)박문각출판 **등록** | 2015년 4월 29일 제2019-000137호

주소 | 06654 서울시 서초구 효령로 283 서경 B/D 4층 **팩스** | (02)584-2927

전화 | 교재 문의 (02)6466-7202

저자와의
협의하에
인지생략

정가 13,000원

ISBN 979-11-7262-189-6